现代服务业与城市发展研究系列丛书

U0674201

生产性服务业与新型城镇化发展：
机制与实证研究

梁向东　著

中国财经出版传媒集团

经济科学出版社

Economic Science Press

图书在版编目（CIP）数据

生产性服务业与新型城镇化发展：机制与实证研究/梁向东著.
—北京：经济科学出版社，2021.1
（现代服务业与城市发展研究系列丛书）
ISBN 978 - 7 - 5218 - 2285 - 4

Ⅰ.①生…　Ⅱ.①梁…　Ⅲ.①服务业 - 产业发展 - 研究 - 中国
②城乡一体化 - 发展 - 研究 - 中国　Ⅳ.①F726.9②F299.21

中国版本图书馆 CIP 数据核字（2020）第 266570 号

责任编辑：吴　敏
责任校对：蒋子明
责任印制：范　艳　张佳裕

生产性服务业与新型城镇化发展：机制与实证研究
梁向东　著
经济科学出版社出版、发行　新华书店经销
社址：北京市海淀区阜成路甲 28 号　邮编：100142
总编部电话：010 - 88191217　发行部电话：010 - 88191522
网址：www. esp. com. cn
电子邮箱：esp@ esp. com. cn
天猫网店：经济科学出版社旗舰店
网址：http://jjkxcbs. tmall. com
北京季蜂印刷有限公司印装
710 × 1000　16 开　12.5 印张　210000 字
2021 年 1 月第 1 版　2021 年 1 月第 1 次印刷
ISBN 978 - 7 - 5218 - 2285 - 4　定价：56.00 元
（图书出现印装问题，本社负责调换。电话：010 - 88191510）
（版权所有　侵权必究　打击盗版　举报热线：010 - 88191661
QQ：2242791300　营销中心电话：010 - 88191537
电子邮箱：dbts@ esp. com. cn）

序

到 2020 年，中华人民共和国成立已有 71 年，中国共产党也即将迎来建党 100 周年纪念。自 1978 年以来，改革开放历经了 40 余年，我国进入了强起来的新时代。新时代的主要矛盾是人民日益增长的美好生活需要和不平衡不充分的发展之间的矛盾，而解决这个矛盾是极为复杂和艰难的任务。其中，在城市化过程中如何控制新的不平衡、防止新的不充分现象出现，是快速发展起来的国家必然要面临的挑战。我国由于区域异质性明显，各地区之间的禀赋差异大，发展不平衡不充分的问题在区域之间尤为突出。特别是，大城市的虹吸效应十分显著，中小城市和小城镇的发展面临产业发展乏力的压力，加上要素流失、基础设施建设滞后等，加剧了优质劳动力流失，严重影响了中小城市的发展。以前空间要素难以纳入地区差异分析中，但现在由于大数据、人工智能、5G 技术的发展，工业互联网、物流联网、现代物流的快速构建，极大促进了生产性服务业的发展，进而为区域协调、新型城镇化建设提供了新动力、新机遇。

我作为湖南省"现代服务业发展与湖南新型城镇化协同创新中心"的理事长，认为梁向东教授抓住了生产性服务业与新型城镇化之间的内在联系，为解开我国城市化过程中的相关难题提供了理论依据和实践指引。向东教授是本中心的研究骨干，长期关注现代服务业和城镇化问题，于 2013 年申请到国家社科基金一般项目立项资助，就此展开了深入研究，项目相关研究成果是本著作的基础。著作对生产性服务业与新型城镇化发展之间的相关联动机制及中国发展实践进行了卓有成效的阐述，并就如何发挥生产性服务业在促进新型城镇化发展的作用方面提出了富有创新性的建议。该著作值得关注相关领域的学者参考阅读。我也希望他在未来的研究中能取得更加突出的成果。

王耀中

2020 年 12 月

前　言

本书基于城市经济学、产业经济学、区域经济学等理论，从新型城镇化发展的内涵出发，运用城市发展相关模型、面板数据分析方法、统计分析法、比较研究等方法，重点研究了以下四个方面的内容。

第一，现状研究。界定了生产性服务业的内涵与统计意义上的行业属性，定义了新型城镇化，设计了新型城镇化指标体系，并根据这些定义对我国生产性服务业与新型城镇化发展现状进行了整体及分地区的描述性统计。

第二，理论机制研究。从产业经济学和空间经济学出发，基于集聚与扩散效应，提出了生产性服务业与新型城镇化互动的区位重构机制以及要素与生产匹配机制，分析了生产性服务业发展导致产业链延伸和生产空间分散过程中各要素和各产业活动在城市之间流动的趋势，从理论上阐释影响这些趋势的相关因素，并确定各因素的影响渠道，从而为不同发展程度的城市如何协调发展提供理论依据。

第三，实证研究。测度了新型城镇化影响的各种因素：基于偏离—份额法，对不同城市群中生产性服务业的专业化和多样化效应进行了分析；从生产性服务业对产业升级及产业空间转移的作用出发，分析了生产性服务业对我国城乡及城市之间人口流动的影响；从生产性服务业促进商业模式创新出发，分析了其对我国城乡均衡发展的影响；深入分析了生产性服务业对我国各级城镇发展是否收敛；从信息技术和消费结构出发，探讨了促进生产性服务业发展的相关动力。

第四，对策研究。为了解决我国城镇发展不均衡不充分的问题，本书提出必须走产城融合发展的道路，并从三个方面给出了促进产城融合的对策。

本书的贡献体现在三个方面。一是提出了生产性服务业与新型城镇化互动的区位重构机制以及要素与生产匹配机制。本书指出，如果相关机制受到扭曲或干预，生产性服务业发展对新型城镇化均衡发展的引导作用并不确定。该理论观点为如何引导生产性服务业发展，促进产业在城市之间合理分工转移，避免地区与城市之间过度竞争，使产业与空间等要素配置更为完善提供了理论支持。二是深入分析了生产性服务业在改善城市群内部关联方面的作用，提出了生产性服务业是建立新的网络型城镇体系的关键。由于行政区划在我国城镇发展中起着极为重要的作用，造成各级城镇之间的过度竞争，而这种竞争导致比较明显的层级式城镇体系，不利于城市的协同和协调发展。生产性服务业能有效改变层级式城镇关系，建立网络城市体系，有利于城镇之间产业分工、服务共享、职能互补关系的发展，从而促进高质量的新型城镇化进程。三是提出了新型城镇化应该通过产城融合发展之路来实现。本书从夯实发展基础、拓宽发展路径和理顺发展关系等方面阐述了实现我国产业和城镇融合发展的对策，特别强调了生产服务业通过提升城镇承载能力、促进产业空间有序转移及建设网络化城市体系等方面来促进各级城镇产城融合发展，建立新型的产业分工体系。

本书的出版需要感谢的人有很多。长沙理工大学的王耀中教授、陈银娥教授，以及武汉大学的杨艳琳教授、华中科技大学的宋德勇教授提出了许多修改意见；硕士研究生魏逸玭、黄妍、阳柳、阙启越、井中鸣、陈懋琳、李宗晗、王婧、刁兴雯、史晗等做了大量文献数据收集整理等方面的工作，在此一并致谢。

目　　录

第一章 绪 论

第一节 研 究 意 义

改革开放以来，我国经济飞速发展，尤其是进入 21 世纪，在加入世界贸易组织后，不到 10 年时间，我国的经济总量已跃居全球第二位。然而，在 2010 年以前，我国一直面临着经济高速发展背景下的城镇化与服务业发展"双滞后"问题（简新华等，2010；周天勇，2009）。根据《中国统计年鉴》的数据显示，我国城镇人口总数直到 2011 年才首次历史性地超过农村人口总数，占全国人口总数的比例达到 51.27%。而我国服务业到 2015 年占国内生产总值（GDP）的比例达 50.1%，首次超过 50%。作为衡量国家发展水平重要指标的城镇化率和服务业占比，发达国家的这两项指标一般都在 75% 以上，而我国与发达国家在这两项指标方面的差距还比较大。党的十九大报告指出，新时代中国社会主要矛盾已经转变为人民日益增长的美好生活需要和不平衡不充分的发展之间的矛盾。这种不平衡不充分体现在多个方面，包括我国城乡之间的不平衡、城镇化发展速度相对较慢、低服务业水平压制了农业人口转移等，是解决城乡不平衡、城乡二元结构问题的主要障碍。

由于新中国成立时底子太薄，在很长一段时间内，为了建立一个完整的工业体系，制定了一系列支持重工业及城市发展的中长期战略。经过 70 多年的发展，基本实现了这些战略目标，但是也出现了一些新的问题，即当前我国存在超大城市增长快、城市病日益严重，中小城市发展乏力，小城镇发展缺乏产业支撑的城镇失衡问题。在要素过度集聚及产业升级困难导致超大城市不可持续发展的同时，由于大城市的虹吸效应，使中小城市因要素流失、产业承载能力缺乏而发展不足，造成了城镇化发展不均衡和产业布局不合理等现象。这些现象表明，要解决我国城市化和服务业总体滞后，必须从结构上寻找办法。生产性服务业能打破空间束缚，加速生产分裂重组，有利于产业要素转移（Sassen，2013；张小蒂、孙景蔚，2006），在产业组织和城市发展中的作用日益凸显。

（1）生产性服务业在社会经济活动中的作用越来越大，对于其促进社会发展的机理，在理论上还需要进一步研究。尤其是生产性服务业快速发展，在不平衡和不协调发展的各级城市间的作用机制可能不一样，从理论上探寻其原因十分必要。生产性服务业与城镇协调发展机制的运行在具体环境中的表现不一样，从实证上分析相关机制运行所需的政策环境相当重要，本书的主题具有一定的理论价值。

（2）我国提出各级城市与小城镇协调发展的新型城镇化之路，同时要把发展服务业和推进城镇化相结合，积极发展生产性服务业。我国政府正在推进的城市群发展战略是力图解决城市发展不平衡的举措。《国家新型城镇化规划（2014—2020年）》着重提出要发展集聚效率高、辐射作用大、城镇体系优、功能互补强的城市群。要达到这一目标，应从多方面入手，尤其是从城市产业关联入手。生产性服务业具有重组产业结构、优化产业布局、促进产业升级的作用，通过产业在城市间及城市内的优化重组，加快城市间的产业有序联系，能够对我国新型城镇化战略目标的实现提供助力。在此国家战略背景下，探寻发展生产性服务业与新型城镇化互动协调发展的机理和相关对策，有助于解决我国"不平衡、不协调和不可持续"问题，也是响应2019年政府工作报告中提出的"新型城镇化要处处体现以人为核心，提高柔性化治理、精细化服务水平，让城市更加宜居，更具包容和人文关怀"的要求，因此，本研究具有重要的现实意义。

生产性服务业已在我国大城市快速发展。作为新兴产业，我国大力培育的生产性服务业未来是否能促进城镇协调发展，或者反过来加剧大小城市发展失衡？在结构上是否与城镇化相互制约？如何使生产性服务业与城镇协同发展，以解决城镇发展"不均衡不充分"？这些问题亟待解答。

第二节 文 献 综 述

一、新型城镇化发展研究现状

城镇化是伴随人类社会经济发展的一个历史过程，是衡量一个社会发展水平的重要指标，也是学术界长期关注的热点，而新型城镇化是中国特有的，是基于国家城市发展阶段与持续发展的需要而提出的。学者们从城镇化产生的原因、影响的因素等方面进行了理论和实证研究。

（一） 城镇化的产生

由于城镇化主要测度人口在某一空间的集聚，而人口的流动主要由产业带动，社会正常发展时期（非战争或自然灾害）尤其如此。因此，学术界对产业变动如何影响城镇发展规模和发展水平做了大量研究。城市形成的动力来自集聚经济，集聚经济与城市发展之间的关联在理论上已得到解释（Hoover and Vernon，1958；Jacobs，1969；Krugman，1991），并在实证上进行了验证（Glaeser et al.，1992；Henderson et al.，1995）。但是，传统城镇化模式不可持续。在工业化的推动下，城镇人口规模迅速增长，忽视农业经济，生产技术创新的投入不足，城镇空间无序膨胀，资源几近枯竭，节能意识薄弱。这种只注重规模的发展模式导致各种城市问题开始出现，因此必须探索新型的城镇化发展模式。为促进城镇化健康发展，提高发展质量和效益，国家大力提倡发展"以人为中心"的城镇化。党的十九大报告明确提出要加快实施以促进人的城镇化为核心、提高质量为导向的新型城镇化战略，通过城镇化质量的全面提升，为保持经济持续健康发展和社会大局稳定提供有力支撑，实现经济、社会、生态全面协调的可持续发展。

新型城镇化的基本概念和内涵目前尚无一致的界定，但不同学者对此有大致相同的认识。新型城镇化是以人为本的城镇化，不仅表现为人口数量的增长，更应该体现在城镇人口素质的提升上，实现从结构主义到人本主义转变下的从"人口城镇化"到"人的城镇化"的转变（王新越，2014）。新型城镇化应具有三大内涵，可以概括为强调民生、强调可持续发展和强调质量（单卓然，2013），具有人本性、协同性、包容性和可持续性等四大特性（陈明星，2019）。还可通过工业化、信息化、城镇化、农业现代化这"四化"协调互动，推动产城融合，实现统筹城乡发展（张占斌，2013）。从生态视角出发，新型城镇化建设的模式是发展低碳经济、加强城镇生态环境的综合治理，最终实现经济、社会、环境相协调的低碳发展（陈晓春，2013）。从区域协调发展视角出发，新型城镇化是推进镇村一体与大中小城市全域协调发展的城镇化（杨仪青，2015）。综上可知，新型城镇化是以科学发展观为指导，实现城乡的可持续发展，但发展模式和实现路径存在差异。

（二）新型城镇化对区域经济影响的研究

城镇化能集聚生产要素，形成集聚经济，并加快人力资本的扩散，而知识溢出效应会加强集聚经济（Chauvin，2017），从而更好地实现人力资本积累并提高人力资本的回报（陆铭，2017），改善城乡收入格局（俞彤晖，2018），而低产业集聚则会直接导致工资下降（Abel and Deitz，2019）。除此之外，城镇化的集聚可以提高行业集中度（Drucker，2011；Hanlon，2017），加强产业之间的联系（Moore，1999），促进三次产业的发展（曾芬钰，2002）。行业集中度的提高最直接的优点就是成本的降低（Glaeser and Gottlieb，2009），尤其体现在距离成本方面，距离的缩短有利于知识溢出（Eriksson，2011）。行业集聚能促进产业多元化与专业化（Beaudry，2009），进而促进产业结构协调发展（王尉东，2003）与耦合发展（韦曦，2011），促进产业升级（Currid and Connollyt，2008）。可以说，产业的兴衰与产业之间的关联密切相关（Neffke et al.，2011），产业集聚通过规模报酬递增、技术外部性和不完全竞争，引导要素和经济活动在空间集中，进而对劳动生产率和经济增长产生重要影响（Krugman，2009），要想使产业持续下去，必须坚持集聚（Hanssens，2013）。不仅如此，集聚还能促进劳动生产率提升（Ciccone，1996；Duranton，2008），激发创新（Whittington，2009；Lin，2011），抵销贸易成本，对抗垄断（Karkalakos，2010）。城市能有效提升企业生产率，而城市的规模决定了工业组成（Anas，1998）。反过来，产业集聚对城市化也有促进作用。哈里森等人（Harrison et al.，1971）的研究发现，产业集聚能促进城市化与本土化，而区域专业化与都市本土化能促进区域经济增长（Garcia-López，2011），因此学术界的主流观点是集聚能促进经济增长（Boix，2003；Davis，

2014；Roberts，2018）。

（三）　新型城镇化发展战略与路径的研究

文献对何为适度的城镇化进行了分析。一般来说，城镇化的速度与规模应该与经济发展相匹配。城市的规模和构成会影响集聚效率（Helsley，2014）。城市若是过度集中，必然会导致过度集聚，造成很强的外部性，如拥堵成本增加（Brinkman，2016）、空气污染加重以及更高的基础设施投资（Nechyba，2004），并且还会导致要求财政分权（Henderson，2002）。这些负的外部性的影响具有滞后性，其影响可持续八九年（Henderson，1997）。根据学者们的研究，生产率的高低与城市规模的大小相关（Esteban and Wright，2007；Melo，2009；Combes，2012），规模越大，技能与企业的匹配度越低（Naticchioni，2009）。从国际视角来看，国际分散化生产对集聚具有负面影响（钱学锋、陈勇兵，2009），造成严重的经济损失（Wheaton，1981）。因此，有学者提出，城市有一个最优规模（Kim，2007），这个规模与产业集聚水平密切相关（Button，1976；Baldwin，2004），在考虑这个规模的大小时，应该考虑长远发展，并且随着发展而改变（Bleakley，2015）。比如，中等城市可能比大城市更具生产力，政府应改变公共政策来鼓励中等城市发展（Henderson，2005），同时城市化发展与产业结构发展应协调（王军生，2005）。最后，我们要注意，产业集群战略不适用于农村地区（Barkley，1997）。

关于如何探索适合区域发展的新型城镇化道路，已经成为国内外学者争论的热点。从新型城镇化的内涵出发，可以将劳动力特性作为建设重点（Wilson，2012），合理地把收入、教育与人口密度和城镇规模联系起来（Tselios，2014）。或者针对当前城镇化建设的弱点，如对于农村地区，可通过充分挖掘传统乡村的治理特色，结合城市治理的经验优势，进而促进与完善农村基层社会治理体系和治理能力现代化（倪咸林，2019），为满足人民对美好生活的需要、顺应时代发展而创造新组合（周文静，2019）。或者以主导产业为牵引，推动城镇基础设施建设（杨主泉，2018），结合服务优先、产城融合的路径，形成特色城镇化的发展模式（杨小柳，2019）。或者以"协调"作为建设中心，可通过"去等级制"的供给侧改革，破解城镇间的结构性桎梏，实现未来新型城镇化的协同发展，进而增强区域发展的协调性（孙崇明，2018），而对于具有复杂性和特殊性的地区，应结合区域一体多元文化的城镇化，探索符合地方实际的城镇化路径（王凯，2017）。总而言之，新型城镇化建设应当走可持续发展道路，其动力机制由要素驱动向创新驱动转变。城镇化路径的优化需要综合经济、人才、基础设施等全方位的考虑。

二、城市群研究现状

城市群是一个国家人流、物流、资金流、技术流、信息流的汇集地，是当今世界最有活力的经济组织单元，是城市化发展的高级阶段，也是化解"城市病"和推动城乡融合发展的空间策略。欧美发达国家十分重视城市群的发展规划，如美国提出了《美国 2050 战略》。我国在城市群发展一体化规划中也提出了要重点建设全国 19 个城市群。经过改革开放 40 多年的探索和发展，我国城市群的"主体形态"地位已经形成，同时也丰富了世界城市群理论的内涵和样态。

（一）城市群概念的中西方演变

西方国家在工业革命的推动下，最早开始城镇化，其城镇化主要是经济增长的产物，是技术变革的产物。这些技术变革使大规模生产获得了极大发展，从而导致人口向城市转移，最终形成了各具特色的城市集群。西方关于城市群理论的发展研究最早可以追溯到英国学者埃比尼泽·霍华德（Ebenezer Howard）在 1898 年出版的《明日的田园城市》（*Garden Cities of Tomorrow*）一书中提出的"城镇集群"概念，因此他被视为西方城市群理论研究的先驱。随着工业革命的发展和经济规模的扩大，城市向外扩展已成为必然趋势。格迪斯（1915）从生态学、哲学以及社会学的综合角度出发，提出了区域规划理论，认为应将城市及其附近的乡村作为同一"区域"看待，城市的发展不能与其邻近乡村割裂开来，不能局限于城市内部（城区）进行城市规划，而应该变成城市地区（城区＋郊区）的规划布局，这使城市发展研究由分散走向综合。沃特·克里斯塔勒（Walter Christaller，1933）将研究视角由一个城市的规模与规划扩展到多个城市，提出了中心地理论，认为多个城市之间存在不同等级、规模、功能等关系，并且更加注重各个城市之间的横向联系。之后，美国地理学家乌尔曼（1957）揭露了城市空间相互作用的原理，即一个区域的中心城市不仅与该区域相互作用，而且还和其他区域的中心城市相互影响。中心城市的吸力若是大于周边地区的斥力，则中心城市会快速膨胀扩张，反之就会出现逆城市化，而中心城市与中心城市的联系就形成了城市群的雏形。欧美发达国家对城市群理论的研究对其城市化发展具有重要的意义，同时也对我国城镇化发展具有借鉴作用。

我国的城市群研究真正始于改革开放之后。在打破思想束缚后，我国学者开始了我国城镇化相关问题的探讨，在城镇化理论研究趋于成熟的阶段，基于我国实际发展的需要，学术界围绕着"Megalopolis"的中文含义逐渐形成了完整的"城市群"定义。1992 年姚士谋在《中国城市群》一书中首次阐述了城市群的概念，即在一定的城镇密集区内，具有紧密的经济、社会、文化、生态和空间等内在联系，呈现出整体发展的关联性、协同化和一体化特征的城市集群（饶会林，1999；张京祥，2001）。在此基础之上，学者们从空间形态的角度，将城市群分为城市群的高级形态和城市群低级形态，都市圈、城市带、多中心城市群属于高级形态城市群，但又各自具有不同的空间形态特征和空间经济特征（戴宾，2004），或者认为城市群体的不同成长阶段也应纳入城市群概念的范围之中（陈美玲，2011）。

（二）中国城市群发展路径研究

"城市群"的概念首次作为国家发展战略出现在中央文件中是 2006 年，"十一五"规划提出我国城镇化的主体形态应该为城市群；2007 年，党的十七大报告指出，要以大城市为依托，形成辐射范围大的城市群，使之成为国民经济新的增长极；2012 年，党的十八大报告指出，继续实施区域发展战略，科学规划城市群规模和布局；2014 年，"十三五"规划提出要建设全国 19 个城市群，推动国民经济进一步发展；2017 年，党的十九大报告指出，要以城市群为主题，构建大中小城市和小城镇协调发展的城镇格局，要重点建设京津冀、长三角、珠三角、粤港澳、成渝、长江中游、中原、关中平原等城市群，实现国家重点区域融合发展。虽然党和政府对城市群发展给予了诸多期许并进行了重大规划，但我国城市群的发展受制于行政区划等一系列因素，依然具有一定的盲目性和无序性。我国城市群建设如何健康有序发展，也是新时代的一个课题。1986 年，经济地理学家陆大道提出点轴系统理论，其中"点"指的是区域中心城市，"轴"是连接点的各类基础设施。点轴系统理论看重城市发展的区位条件，认为基础设施特别是交通条件对城市发展和经济增长有着巨大的作用。魏后凯（1998）在点轴系统理论的基础上提出了网络开发的相关理论，认为落后地区适合增长极点开发模式，发展中地区应该采用点轴开发模式，而网络开发模式更适合发达地区。从美国五大湖城市群或者我国长三角城市群来看，城市群的形成不仅与经济因素有关，而且与地理因素密切相关，便利的交通（特别是海运）是城市群形成和发展的重要自然条件（戴宾，2004）。南京师范大学陆玉麟教授则提出了双核模式，即在某一区域内，区域中心城市与港口城市相结合，以区域中心优势和港口便利交通相联动，组成一种全新的城市空间结构模式。双核结构模式是对点轴系统理论的继承与发展，而且与我国自然地理状况相吻合，为我国沿江、沿边城市与区域中心城市的合作发展提供了理论支撑。在我国城市群尚未进入网络发展阶段，区域联动效果尚不明显之时，应该明确主要中心城市的地位，将中心城市作为区域发展的增长极，最终形成全区域的网络发展（章国兴，1999）。城市群的发展不能只关注规模和城市面积，只有拥有具备国际竞争力的产业集群，将区域产业融入世界经济循环当中，才能形成自己的核心竞争力（沈玉芳，2001）。

随着我国经济的进一步发展，我国的城市群也将迈入一个全新的发展阶段。与西方一些发达国家相比，我国的城市群还处于初级发展阶段，在城市群应具备的功能、格局以及内部运行机制等方面还存在一些问题。目前，我国的城市群在某种程度上是若干城市的简单组合，内在联系不强，城市之间功能耦合与融合不够，难以形成一加一大于二的合力。同时，城市群的同构问题比较突出，互补性不强，竞争大于合作。因此，如何实现城市群的协同发展，需要进一步加强理论研究和实证研究。

三、生产性服务业研究现状

生产性服务业是为制造业及其他商业行业提供服务的中间服务业（Greenfield，1966）。随着生产性服务业的发展，学术界对其的关注度也在上升。以下文献内容从生产性服务业对制造业与全球化的影响展开，陈述我国生产性服务业的发展现状。生产性服务业在全球价值链的系统整合中处于关键性地位，拥有强大的研发能力并掌控整个价值链（刘书瀚、贾根良，2012）。因为许多生产者服务是知识密集型的，在对学习进行高初始投资之后就能以低成本向其他用户提供知识（Markusen，1989），因此发展生产性服务业不仅能促进服务业本身的专业化，更能推动其他产业的发展，如提高工业获利技术效率

（顾乃华，2010）、提升制造业竞争力（静江，2007；张亚军，2014；Baker，2015）、促进生产力发展（Morrar，2016；Mukherjee，2018）、增加投资（张俊，2017），而其与制造业的关系更是密切。当生产性服务业的渗透作用能帮助制造业突破要素瓶颈，完成结构升级（陈菁菁，2011；高觉民，2011），这种渗透作用不仅能促进本地区制造业升级，还能通过空间外溢效应升级周边区域制造业（盛丰，2014）。因此，制造业为了提升自己的核心竞争力，会对价值链进行分解重组（吕政，2006）。同时，可以明显观察到，在制造业产业链中，各个环节的服务要素在日益增加（周大鹏，2010），世界上越来越多的制造业企业在选择地点时主要依据的就是生产性服务业的可获得性（Andersson，2004），并通过提供服务来增加其核心产品的价值（刘继国、李江帆，2007）。可以说，制造业发展的重中之重即制造业服务化（赵德海、段炼，2011）。也有学者认为，生产性服务业升级并不能提高制造业的竞争力（Tanaka，2009）。关于这种说法，有学者表示赞同，认为如今的生产性服务业过于依赖互联网，而经济发展需要对复杂信息进行面对面传输与解释，这是互联网无法做到的（Leamer and Storper，2001）。更有学者提出服务业生产率正停滞不前，导致生产率下降（Kozicki，1997）。对于这种说法，有学者在研究不同时期、不同国家的数据后给出解释，认为服务业生产率增长慢是测量误差，是因为基础数据的获得受到限制，所以这种误差暂时无法解决，同时也导致对总生产率的测量不准确（Wolfl，2004；岳希明，2002），而并非是服务业生产率与总生产率真实的下降。

同时，文献还关注了生产性服务业对全球化的重要作用。二战后生产者服务的扩张主要得益于市场一体化与贸易自由化，而这种自由化导致各个国家市场的持续整合（Francois，1990）。这种开放度的增加（即进口水平提高）对机械、汽车、化学品和电气设备等行业产生了显著和强烈的积极影响（Francois and Woerz，2007）。服务业还能对公司整体利润产生额外的边际利润，因此当产业成熟并且产品收入和利润下降时，可以转向服务来产生额外的利润（Suarez et al.，2013）。我们要意识到，服务自由化是提高经济效益的一个主要潜在来源，包括制造业的生产力和企业之间及企业内部活动的协调（Francois and Hoekman，2010）。

学术界对我国生产性服务业发展的相关问题进行了研究。学者们一致认为，我国服务业发展正迈入加速阶段，因此服务业加速增长与占 GDP 的比重大幅提升很有可能会出现，这个阶段能够促进经济增长、增加就业和平衡收入分配（江小涓，2011）。同时，学者们从多方面对我国生产性服务业水平及发展对策做了比较深入的阐释。第一，我国生产性服务业的发展水平与发达国家之间的距离还很远。除了经济发展阶段的约束之外，这种距离在很大程度上受社会诚信体制与政策的影响（程大中，2008）。我国的消费者可以忍受服务设施等硬件设施的落后与缺失，但是对于沟通和理解、信任等方面的要求很高（范秀成、杜建刚，2006）。因此，我国除了发展产业之外，也要意识到与人直接接触的市场服务的重要性（Francisco et al.，2012），同时发展有助于弱势群体就业的产业，特别是能提供兼职就业及个性化工作岗位的行业（Fuchs，1965）。第二，我国生产性服务业的主导产业可以确定为租赁和商务服务业，信息传输、计算机服务和软件业，教育、文化艺术和广播电影电视业，金融、保险业，批发和零售贸易餐饮业，交通运输、仓储及邮电通信业（张月友、闫星宇，2010）。要想使我国的生产性服务业在世界市场上获得优势，应提高我国服务业的竞争优势。竞争优势源自质量、价格、灵活性、交付的及时性和提供的服务范围（Lindahl，1999）与异质性，即专业性、创新、企业家精神（曾世宏、郑江淮、丁辉关，2010）。第三，对于我国现在内需不足的问题，有学者认为拉动内需的根本在于发展服务业，政府应积极介入与扶植，提升服务外包产业的规模与质量（张益丰、刘东、侯海菁，2009），增加服务业的规模回报率，以及商品贸易产业使用各种中间服务的意愿，这样可以提高商品贸易产业的生产率（Abdel-Rahman and Fujita，1990）。同时，应坚持全球化发展战略。如今世界经济发展疲力，实体经济低迷，服务业全球化有利于为世界经济增长提供新的增长动力（江小涓，2008），坚持知识性服务业为主导的生产性服务业（夏杰长、刘奕、顾乃华，2007）。

四、生产性服务与新型城镇化关联性研究现状

从国外文献来看，有以下方面的相关研究：（1）从理论上阐述生产性服务业与城市化相互影响。①学者们认为，生产者服务业发展的原因，一是为了响应大型工业企业经营活动范围扩大，大企业内部和企业之间需要协调支持的需求；二是大都市规模扩张和体系复杂性的影响（Hawley，1984）。由于企业

为了获得集聚带来的经济效益、获得战略性信息以及能在城市中心协调相关行为，生产性服务和企业行政部门集中在城市（Lincoln，1978）。服务业集聚是城市形成和发展的原因及动力（Christaller，1933；Daniels，2005）。此外，基于产业价值链、服务部门内部和外部专业化等理论，提出了生产性服务业集聚在城市中发展的相关机理（Krugman，1991；Beyers and Lindahl，1996），认为生产性服务业将成为中心城市首要的经济活动（Jacobs，1969；Sassen，1994；Hutton，2004），并能导致经济集聚在中心城市（Heidelberg，2007）。②城市化通过扩大需求规模（Duranton and Puga，2004；Addario，2011）、加强生产方城市化经济以及改善基础设施、降低成本（Pereira and Derudder，2010）等促进生产性服务业发展。当前，分析强调生产性服务业对发达城市发展的作用，对其是否加大城市之间不平衡和不协调的研究不够。由于生产性服务业兼有扩散和集聚效应（Capello and Nijkamp，1996），大城市生产性服务业与小城市发展的机理需要厘清。（2）从实证上验证生产性服务业与城市规模的关系。①研究表明，城市规模是生产性服务业空间分布的主要因素（Shearmur and Doloreux，2008）。城市生产性服务业水平和聚集程度反映了城市的经济地位（Yu and Xiao，1996）。一些人对发达国家城市的研究分析指出，生产性服务业主要集聚在大都市（Alan，2008）。但也有人认为，存在逆大都市化发展的现象（Garcia-López and Muñiz，2010）。②从对城市经济的影响来说，生产性服务业有助于城市发展、转型、提质（Daniels，2004；Graham，2009），也能优化区域结构（Kolko，2010；Stefan，2013）。但也有人对此提出异议，认为生产性服务业与落后地区发展的正向相关性很弱，且生产性服务输入过多对输入城市有负面影响（Beaverstock，2000；Francois and Woerz，2008），生产性服务业导致生产率差距扩大，会加剧地区间的竞争（Duarte and Restuccia，2010）。所以，国外对生产性服务业与城市发展的结论存在分歧，并且对在服务业和城市化"双滞后"的情况下，生产性服务业与城镇化两者如何互动发展的实证研究较少。

国内文献主要从两方面展开。（1）扩充了生产性服务业与城镇化相关理论，验证了生产性服务业影响城市发展的机理（吕政等，2006；夏杰长等，2007；江小涓，2008；卜曰塘等，2011），分析了生产性服务业能有利于城市产业转型及生产效率提高，促进城镇化发展（吴福象、刘志彪，2008；郑吉昌，2003；汪斌等，2004；顾乃华、李江帆，2006；冯泰文，2009；谢康等，2012；郑江淮等，2005；徐毅、张二震，2008；程大中、陈福炯，2005）。（2）对我国生产性服务业与城镇化关系进行了检验。①从整体上看，生产性服务业不利于城镇化均衡发展。文献认为，生产性服务业将向发达地区集聚（沈玉芳、刘曙华，2011；闫小培，2005；Yang and Yeh，2018），在空间布局上形成非均衡等级结构（李松庆，2011）。要素和经济活动向大城市集聚能提高当地的城镇化水平并提升经济发展速度，但因存在负向溢出效应，不利于中小城市发展（褚志远、何炼成，2007；柯善咨，2009；潘文卿，2012；张鹏、于伟，2019；韩峰、李玉双，2019）。这种城镇结构不协调严重影响了城镇化进程，学者们建议从发展第二产业等来寻找解决办法（辜胜祖、刘传江等，1998；郭克莎，1999；蔡昉，2001；沈坤荣，2002；郭熙保，2012；郭志仪，2007），也有人提出从发展信息服务业来加快城市化进程（姜爱林，2002）。②城市化也未明显作用于服务业（李程骅等，2012；杨胜刚等，2010；欧阳敏华等，2011；孔善右等，2009）。文献显示，生产性服务业发展与城镇化的相关性还有待进一步澄清。

综合以上分析，当前文献对生产性服务业与城镇化之间的关系做了较为充分的解释，但是通过比较存在的分歧，对该领域的研究还需要进一步深化。（1）在理论上，生产性服务业与城镇化互动机理的解释力有待提高。当前的理论与实证结论不一致、存在分歧，尤其当生产性服务业和城镇化水平不均衡、不充分时，对两者的互动发展机制还需要进一步探究。（2）首位城市生产性服务业发展可能会加大城镇差距，扩大不协调，当前文献对如何控制这种趋势的研究不够。（3）关于生产性服务业对欠发达和非中心城镇影响的研究很少。文献主要关注生产性服务业对具有规模优势的大都市的影响，少有从城镇体系经济协调发展的角度来考虑如何发挥生产性服务业的作用。本书将以城市经济学、发展经济学和新经济地理学等相关理论为依据，从厘清协同发展机理入手，以协调大小城市发展来促进城镇化为目的展开研究，以此弥补当前文献的不足。

第三节　研究思路及方法

以解决城镇化不充分、不协调发展为问题导向，把握生产性服务业在城市发展中的重要作用，厘清生产性服务业通过影响要素和产业转移等在新型城镇化发展过程中发挥作用的两种可能趋势，系统分析生产性服务业与城镇化互动发展的"相关机制"、决定生产性服务业影响城镇化作用的相关因素，如何通过控制这些因素来影响两者的作用机制，进而提出生产性服务业促进我国城镇协调发展的相关对策建议。为此，本书采用以下方法进行研究分析。

（1）统计分析。构建测度新型城镇化的统计指标，根据二级指标与赋权后的一级指标随时间变化的趋势与数值大小来分析新型城镇化发展变化趋势与水平，用偏离—份额法等对我国城镇化、服务业及生产性服务业的产业集聚度与专业度等进行统计，通过收敛系数分析城镇之间的发展差距，阐述生产性服务业与消费结构之间的相关关系，针对疫情期间的消费结构变化，预测未来消费变化趋势。

（2）面板计量分析。本书采用面板计量模型检验产业结构升级对人口流动与城镇间发展收敛性的影响。采用聚类稳健标准误的固定效应模型分析生产性服务业区位熵、制造业区位熵与人口流动的相关性等。

（3）协整关系分析。为了研究信息化与生产性服务业之间的关系，本书首先对两个变量进行格兰杰因果检验，分析服务业创新对城乡均衡发展的影响，然后通过协整检验确定平衡级数，最后分析信息化与生产性服务业之间的长期与短期协整关系。

（4）案例分析。以京津冀、长三角、珠三角和长株潭城市群为研究对象，分析各城市生产性服务业专业化、多样化、竞争效应和结构效应对人口流入的影响，以此来判断生产性服务业是否通过集聚和产业扩散效应，以及竞争和结构效应优化了城市经济关系，加强了劳动力要素的城市间及城乡间的转移，促进了城镇协调发展。

第四节　研　究　内　容

一、生产性服务业与新型城镇化发展现状分析

重点阐述我国城市化发展不平衡不充分、服务业发展比较滞后的现状，以及两者间存在的关系，从结构上把握导致城市化与服务业滞后于经济发展的现状。分析生产性服务业的发展、空间分布及其所受到的约束，从整体上把握我国生产性服务业与新型城镇化发展历史与现状。

二、生产性服务业与新型城镇化互动机理研究

从产业经济学和空间经济学出发，基于集聚与扩散效应，提出生产性服务业与新型城镇化互动的区位重构机制以及要素与生产匹配机制，分析生产性服务业发展导致产业链延伸和生产空间分散过程中各要素和各产业活动在城市之间流动的趋势，从理论上阐释影响这些趋势的相关因素，并确定各因素的影响渠道，从而为探究不同发展程度的城市的协调发展条件提出理论依据。

三、我国生产性服务业与新型城镇化互动实证研究

测度新型城镇化影响的各种因素：基于偏离—份额法，对不同城市群中生产性服务业的专业化和多样化效应进行分析；从生产性服务业对产业升级及产业空间转移的作用出发，分析生产性服务业对我国城乡及城市之间人口流动的影响；从生产性服务业促进商业模式创新出发，分析其对我国城乡均衡发展的影响；深入分析生产性服务业对我国各级城镇发展是否收敛；以生产性服务业与消费结构的相关关系为切入口，进一步分析疫情期间的消费结构变化；从信息技术和消费结构出发，探讨促进生产性服务业发展的相关动力。

四、我国生产性服务业与新型城镇化互动发展的对策研究

根据生产性服务业与城镇协调发展机制，以及我国生产性服务业与城市体系发展影响现状，提出新型城镇化应该通过产城融合发展之路来实现。本书从

夯实发展基础、拓宽发展路径和理顺发展关系出发，阐述了实现我国产业和城镇融合发展的对策，特别强调了生产服务业可以通过提升城镇承载能力、促进产业空间有序转移以及建设网络化城市体系等方面来促进各级城镇产城融合发展，建立新型的产业分工体系。为推进我国城镇协调发展，应消除扭曲区位的政策，均等化发展各级城市的公共基础服务，并通过加强生产性服务业发展来加快制造业从上而下适当转移；各级城市和城镇要根据本地比较优势，发展融和为城市网络体系结构，并克服资源要素和经济活动过度向中心城市集聚的层级体系结构。

第五节 创 新 之 处

第一，提出了生产性服务业与新型城镇化互动的区位重构机制以及要素与生产匹配机制。研究指出，如果相关机制受到扭曲或干预，生产性服务业发展对新型城镇化均衡发展的引导作用并不确定。该理论观点为如何引导生产性服务业发展，促进产业在城市之间合理分工转移，避免地区与城市之间过度竞争，使产业与空间等要素配置更为完善提供了理论支持。

第二，深入分析了生产性服务业在改善城市群内部关联上的作用，提出了生产性服务业是建立新的网络型城镇体系的关键。由于行政区划在我国城镇发展中有极为重要的作用，造成各级城镇之间的过度竞争，而这种竞争导致比较明显的层级式城镇体系，不利于城市的协同和协调发展。生产性服务业能有效改变层级式城镇关系，建立网络城市体系，有利于城镇之间产业分工、服务共享、职能互补关系的发展，从而促进高质量的新型城镇化进程。

第三，提出了新型城镇化应该通过产城融合发展之路来实现。本书从夯实发展基础、拓宽发展路径和理顺发展关系出发，阐述了实现我国产业和城镇融合发展的对策，特别强调了生产服务业可以通过提升城镇承载能力、促进产业空间有序转移及建设网络化城市体系等方面来促进各级城镇产城融合发展，建立新型的产业分工体系。

第二章　生产性服务业与新型城镇化的 概念界定及互动机制

第一节　生产性服务业及新型城镇化的概念界定

一、生产性服务业的概念及统计范围

生产性服务业受到人们的关注始于 20 世纪 60 年代，当时服务业在西方发达国家快速发展。生产性服务业作为新的产业形态，对社会经济产生的影响越来越大。格林菲尔德（Greenfield，1966）认为，生产性服务业是为其他企业（包括制造企业、其他服务性企业）提供劳动服务的行业。格鲁贝尔（Grubel，1989）提出，生产性服务业包括提供商品生产的中间投入品的服务的部门或行业，也包含非消费者购买的服务的部门或行业，如批发、零售、餐饮，以及金融、法律、会计等部门。程大中（2008）认为，为生产者提供中间投入的服务的部门或行业是生产性服务业。总体上，大部分学者认为生产性服务业是为生产性企业而不是消费者服务的行业，但是在服务对象——生产性企业的定性上有不同观点。有些学者认为，所有进行产业生产的企业均为生产性企业。然而，对政府公共服务是否属于生产性服务业存在分歧。格林菲尔德（Greenfield，1966）及格鲁伯和沃克（1993）就认为生产性服务业不包括政府提供的公共服务等。

因此，在统计上如何归集生产性服务业，学术界一直没有完全达成一致。有学者提出，这一行业涉及银行金融服务、不动产资产、保险、商业、法律、建筑设计和会计等（Browning and Singelmann，1978）。还有学者提出，生产性服务业涉及研发、市场研究、广告、仓储、废弃物处理、设备安装、维护等

（Marshall et al.，1987）。这些学者的观点虽然在统计表述上有区别，但是其内在含义基本还是有一定的一致性。

具体到各国政府机构的标准上，也存在不同。联合国《国际标准行业分类》规定，生产性服务业包括商业和专业服务业、金融保险业和房地产业。美国商务部则把商业及专门技术、教育、金融保险、电子通信等归于生产性服务业。中国国家统计局在2015年6月发布了《生产性服务业分类》办法，该办法规定生产性服务业分类的范围包括为生产活动提供的研发设计与其他技术服务、货物运输仓储和邮政快递服务、信息服务、金融服务、节能与环保服务、生产性租赁服务、商务服务、人力资源管理与培训服务、批发经纪代理服务、生产性支持服务。

本书综合以上观点，提出生产性服务业是为各生产部门提供中间服务的服务业，这些服务的提供者不仅包括企业，也包含为生产提供服务的部分政府部门。基于我国统计方法及数据发展，本书把生产性服务业分为科学研究、技术服务和地质勘查业，交通运输、仓储及邮政业，金融保险业，水利、环境和公共设施管理业，租赁和商业服务业，以及批发和零售业等。

二、新型城镇化的概念及统计方法

城镇化是人类社会进步的一个必然过程。第一次工业革命引发的工业化极大地改变了人类社会生产和要素的空间分布模式，其主要体现就是城市化。我国作为一个人口大国，长期以来，城市化水平较低。为了提高我国的城市化率，进入21世纪后，政府开始实施城镇化战略。2009年，《求是》第15期刊发了时任副总理李克强的文章《保持经济平稳较快发展》，该文提到了要"协调推进新型工业化、新型城镇化，形成新的增长极、增长带、增长面……"。习近平主席在2013年10月召开的亚太经合组织工商领导人峰会上发表讲话，提出"持续进行的新型城镇化，将为数以亿计的中国人从农村走向城市、走向更高水平的生活创造新空间"。这是我国政府主要领导人第一次在国际会议上提出"新型城镇化"这一概念。

从中央相关文件可以看出，新型城镇化政策在我国顶层设计上的逐步发展。2007年10月，党的十七大报告将新型城镇化列入"新五化"范畴。2007年11月至2008年3月，在各省贯彻党的十七大精神学习会议上，都将"新型城镇化"作为党的十七大重要指示加以推进。2010 年 10 月，时任住房和城乡建设部副部长的仇保兴提出六大转型推动"新型城镇化"建设。党的十七大明确了新型城镇化的内涵，提出了新型城镇化的指导思想与建设路径。2011年制定的"十二五"规划提出，坚持走中国特色城镇化道路，科学制定城镇化发展规划，促进城镇化健康发展。新型城镇化开始全面指导全国城乡建设。2014 年 3 月，中共中央、国务院发布了由国家发展和改革委员会制定的《国家新型城镇化规划（2014 —2020 年)》，正式以中央文件的形式提出要提高城镇化质量，转变城镇化发展方式，走以人为本、四化同步、优化布局、生态文明、文化传承的中国特色新型城镇化道路，重点是要"以人的城镇化为核心"；基本确立了新型城镇化的发展路径。规划以专栏的形式展示了设计的新型城镇化的主要指标，包括城镇化水平、基本公共服务、基础设施和资源环境四个一级指标，并确定了到 2020 年 18 个二级指标要达到的目标。

本书参考《国家新型城镇化规划（2014 —2020 年)》，设计了新型城镇化指标体系。根据国家新型城镇化发展思想，其目的是在城镇化发展中强调质量，要以人为本，解决人口城镇化深度发展中可能面临的城市生活水平下降，收入分配差距拉大、拥堵等城市病加剧、超城市承载力发展，以及环境压力加剧等各种问题，因此我国政府设计了一系列控制性指标来引导城镇化过程有序合理发展。基于此，本书依据研究目的和数据的可获得性，对国家发改委公布的新型城镇化指标进行了适当的调整，合并了一些相类似的指标，设计了人口、经济发展、社会承载力、空间城镇化和生态环境五个方面的一级指标来测度新型城镇化发展水平。其中，人口城镇化包括非农人口的比重和城镇常住人口率；经济城镇化包括人均地区产值和第三产业占比；社会城镇化包括人均社会消费和千人拥有医生数；空间城镇化测度人口生活舒适度，包括人口密度和人均城市道路面积；生态城镇化包括工业废水排放量和人均绿地面积。具体指标体系见表 2.1。

本书选取了 2003—2016 年 13 年间全国地市级城市的数据。相关数据主要来自《中国城市统计年鉴》（2004 — 2017 年）、《中国区域经济统计年鉴》（2004 —2017 年）。

表 2.1　　　　　　　　　　　　新型城镇化指标体系

一级指标	二级指标	指标性质
人口城镇化 U_{11}	U_{111}城镇化率＝非农人口/总人口	正向
	U_{112}城镇常住人口率＝城镇常住人口/总人口	正向
经济城镇化 U_{12}	U_{121}人均地区生产总值	正向
	U_{122}第三产业占 GDP 的比重	正向
社会城镇化 U_{13}	U_{131}人均社会消费＝社会消费品零售总额/总人口	正向
	U_{132}千人拥有医生数＝医生数/总人口	正向
空间城镇化 U_{14}	U_{141}人口密度	正向
	U_{142}人均城市道路面积	正向
生态城镇化 U_{15}	U_{151}工业废水排放量	负向
	U_{152}人均绿地面积	正向

　　基于构建的指标体系，本书对两级指标进行赋权，相关指标权重见表 2.2。对 2003—2016 年的各个指标数据运用熵值法进行测算，最终得出人口城镇化指数、经济城镇化指数、社会城镇化指数、空间城镇化指数、生态城镇化指数以及新型城镇化综合指数。

表 2.2　　　　　　　　　　　　新型城镇化各级指标权重

新型城镇化指标体系		权重
人口城镇化 0.121	城镇化率	0.098
	城镇常住人口率	0.023
经济城镇化 0.181	人均地区生产总值	0.159
	第三产业占 GDP 的比重	0.022
社会城镇化 0.285	人均社会消费	0.206
	千人拥有医生数	0.079
空间城镇化 0.223	人口密度	0.098
	人均城市道路面积	0.125
生态城镇化 0.19	工业废水排放量	0.005
	人均绿地面积	0.185

第二节　生产性服务业与新型城镇化的互动机制：
基于城市网络的重构与匹配

　　城市经济理论就经济活动的集中与集聚经济的产生，以及两者之间的关系进行了深入研究（Moomaw，1983；Rosenthal and Strange，2003）。当从微观经济的角度来研究时，它们被称为集群经济（Porter，1990）或混合经济（Parr，2002）。集聚经济与城市经济增长之间的关联在理论上已有比较充分的解释（Hoover and Vernon，1959；Jacobs，1969；Krugman，1991），这些理论解释在实证上也得到了比较详细的论证（Glaeser et al.，1992；Henderson et al.，1995）。但是，集聚经济并不是城市外部性的唯一来源。外部性还有其他需要深入分析的来源，如无须在相邻空间集中的经济行为者之间的相互作用、产业跨空间联系和作用等城市网络形态带来的城市发展新动力。在现代信息通信技术和现代物流网络的推动下，城市之间呈现出有别于层级结构的新组态，即城市网络（Pred，1977；Dematteis，1989；Camagni and Salone，1993；Capello，2000），其主要观点认为网络经济对城市发展非常重要。生产性服务业为城市网络经济的形成提供了极为重要的推动力，有必要从理论上解释其发生的内在逻辑。

一、城市网络的构成、外部性及城市发展

（一）城市网络

　　城市网络是一个由不同城市作为节点形成的空间网络结构。组成网络的不同特性的城市有机相连，在网络体系中，各城市的社会经济活动相互有效联系，要素得以在由网络连通的市场上流动而有效配置。这种网络经济结构的形成有赖于生产性服务业的快速发展，如现代信息通信技术的发展和现代交通物流体系的构成。学者们对城市网络的具体定义不同。比如，卡马尼和萨洛内（Camagni and Salone，1993）将城市网络的定义局限于非层级网络；布瓦克斯（Boix，2000）认为城市网络是层级和非层级的复杂结构；还有其他学者提出了垂直、水平和多中心三种网络类型（Dematteis，1990，1991），

以及协同和互补的网络类型（Camagni and Salone，1993）；而特鲁连和布瓦克斯（Trullen and Boix，2001）基于知识的产生以及转移，提出了第三种分类（具体见表2.3）。

表2.3　　　　　　　　　　　　城市网络定义的比较

作者	概念	核心要素
韦斯特隆德 （Westlund，1999） 卡斯帝 （Casti，1995）	单个物体相连成组	节点和联系适当组合
德马泰 （Dematteis，1990，1991）	中心地相联系的系统（或地区城市系统）	节点和联系
普雷德 （Pred，1979）	以垂直联系（层级）和水平合作联系并重的城市系统	节点和联系 垂直和水平关联
卡马尼和萨洛内 （Camagni and Salone，1993）	由水平、非层级关联的专业化的中心地组成的系统，假定外部性来源于中心地之间的互补/垂直整合或协同/合作	节点和联系 水平关联 协同互补 外部性
巴藤 （Batten，1995）	两个及两个以上起初相互独立，但有潜在互补作用的城市，致力于合作并通过快速而稳固的运输和通信设备实现意义重大的范围经济	合作 运输和通信设备 范围经济
布瓦克斯 （Boix，2002）	层级和非层级结构同时存在，城市间的合作（或者竞争—合作），以及城市结构组织产生的优势	节点和联系 运输和通信设备 层级和非层级结构共存 城市结构组织产生的优势，以及节点间的相互作用
瓦尔蒂埃宁 （Vartianen，1997）	城市间的合作以及基于此的行为人的合作，目的在于利用和发展协同作用	城市网的经济和组织原则 城市和行为人的二元性 网络可以成为一个自发的功能网 网络稳固 多中心主义

续表

作者	概念	核心要素
泰勒 （Taylor，2001）	以行为人为节点、社会关系为纽带的组织形式，这些社会关系形成经济纽带，在地理上建立世界经济结构	节点和联系 经济学和社会学 节点之上和节点之下 世界系统
卡姆伊斯和福克斯 （Camhis and Fox，1992）	相关方正式达成一致	组织机构 利益防守和特殊网络的提升

1. 垂直（层级）网络：该城市网络类型建立在中心地模型（Christaller，1933；Losch，1940）之上。网络节点之间的联系是非对称的，整个系统一般显示为区域性。这种网络描述了一个均衡的区域系统，在区域内的联系基于"由大到小"的逻辑，每个等级层面的城市依规模参与城市网络经济社会活动。

2. 水平（非层级）网络：网络节点之间的联系是对称或者拟对称的。"最大到最小区间"概念不适用。城市等级与商品分类间没有决定性关系，更多地体现在依城市区位分布的生产链关系上。

3. 多中心网络：包含垂直和水平联系。城市功能以不同的方式被合并。主中心趋于产生集聚经济并包含高位功能，中心在整个网络中具有核心的集聚功能。

4. 协同网络：在拥有一个非常相似的发展目标的前提下，城市间以一种非计划的市场方式相互影响，或者进行有计划的合作而形成城市网络。卡马尼和萨洛内（Camagni and Salone，1993）发现居高位的中心，如世界级城市，或者沿着"蓝香蕉"地带的欧洲城市组织，建议根据协同在网络上的特殊性，将其分成协同网络与革新网络。

5. 互补型网络：指不同的专业化城市中心之间通过互补性活动或功能相连的网状结构。传统观点认为这种机制保证了每个城市都有足够的市场份额；从较为现代的视角分析，这是劳动力在网络中分割的表现，有些城市可能具备专营国际化市场的能力，其他一些城市则作为服务中心存在。事实上，互补的方式是多样的。我们可以发现，两个城市之间可同时拥有专营（在协同作用下）和互补纽带，这可能是因为城市并不是唯一专营或者只拥有唯一功能，而是多样专业化的。

6. 知识型城市网络：城市间的联系还可以基于信息和知识的流动。这个方式便于我们分析知识的产生与在城市结构中扩散的过程。中心地模型将革新的产生与城市系统中的城市等级联系在一起（Webber，1964），基于每个城市的人口，对知识累积的数量按等级排序。然后，变革与知识经由等级从主要城市向次要城市传播。知识传播扩散并不只经由垂直向路径，还会存在于同等级的城市之间，以及从低等级城市到高等级城市的过程中。特鲁连和布瓦克斯（Trullen and Boix，2001）利用经济合作与发展组织的工业分类，对高位知识型城市网与低位知识型城市网进行了区分。结果显示，一个城市在知识型网络中可能同时处于高位和低位，即在知识流通中同时处于接受和创造的地位。

本书借鉴以上学者的观点，认为城市网络是基于城市协同分工的产业链连接，由不同等级规模城市组织，各流通要素及空间要素在城市间有效配置的网络空间结构。

（二）城市网络外部性与城市发展

城市网络促进城市增长的机制在于城市网络产生了动态的空间外部经济（网络经济），而网络经济引致的增长促进了城市发展。

1. 空间静态经济：集聚经济。马歇尔（Marshall，1920）用内部经济和外部经济来解释生产过程中的经济增长回报起源于公司的内部或外部因素。内部经济产生并适存于公司内部。外部经济所描述的状态是公司可以从公司外部获得的好处。

城市经济理论用集聚经济来描述内部和外部经济与城市之间的联系。韦伯（Weber，1929）引入了"集聚要素"的概念，以此表示经济活动的地方化，这些经济活动集聚机制的基础在于企业对运输成本的权衡，如制造业企业趋向于集中在几个地区，其目的是减少运输成本并增加上下游市场资源的可获得性。

奥林（Ohlin，1933）发现了集中所带来的其他优势，这些优势被称为集约经济，其又区分为三种不同类别："整个行业的经济集中""特殊产业的外部经济的集中"和"产区内部的规模经济"。胡弗（Hoover，1937）在奥林的基础上做了进一步阐述：规模经济来自企业生产规模的扩大；地方化经济产生于某个地区的一个产业内的总增长，从而影响产业内的企业；城市化经济则是由人口、收入、产出或财富等衡量的总体经济规模的扩大所产生，并最终影响该地区所有企业。胡弗对城市经济的解释没有考虑城市经济多样性理论（Chinitz，1961；Jacobs，1969）。

根据胡弗（Hoover，1937）的观点，集聚经济表现出两种特点：比较静态和空间静态。格莱塞等人（Glaeser et al.，1992）对前者进行了研究，区分了静态与动态外部经济的不同，而后者体现在当我们将城市体系中的城市看作节点而不是独立整体的时候。区域经济、城市经济和传统的经济地理在中心地模型中综合了这种观点。这些模型的主要特征是解释了城市系统组织形成簇状中心层级。在他们的早期观点中（Christaller，1933；Losch，1944），与集聚经济的关联建立在内部规模经济的基础之上，当市场规模扩大时，体系中主要城市的企业就会产生这种规模经济。其他学者展开的研究（Fujita，Krugman and Mori，1999）包含了地方经济和层级城市体系中的拥挤造成的不经济。

2. 空间动态经济：网络经济。空间动态的研究基于城市网络的理论（Pred，1977；Dematteis，1989；Camagni and Salone，1993），即外部经济的产生与城市之间的相互作用有关。这个范式的中心理论是存在与城市网络相关的经济和不经济。这些经济基于节点和相互影响的特征。网络经济能产生于供给方或需求方，是增长回报和竞争优势的来源之一，而且有利于城市经济增长。

企业的产出不仅受内部因素的影响，还受相同或不同城市的外部优势的影响。城市间稳固的网络联系提供了外部经济的另一个来源，这个来源会影响企业的竞争优势并产生经济增长。具体可参见图2.1。

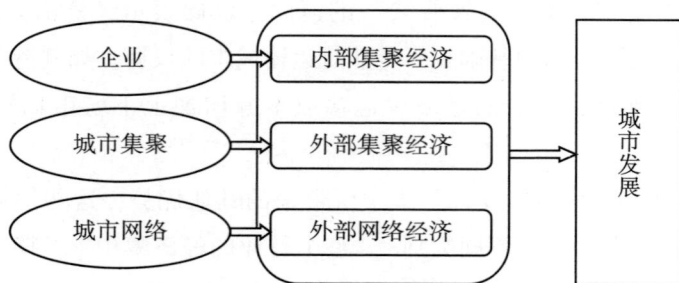

图2.1　城市外部性与城市发展

（三）城市网络经济效应

网络外部性产生的具体机制主要来自四种作用：规模效应、知识效应、交易成本的减少和结构优势。

规模效应是一个城市网中更为主要的优势之一。它与集约外部性的机制相同，但不在一个地理空间内，而是在一个有经济联系的空间内。在该条件下，中型城市组群通过相互作用形成的网络，可以拥有与一个大城市相同的功能维度。这些中型城市能利用互补体系和协同机制来确保有充足的物质，以提供高水平功能并共享不可分的基础设施。

知识效应产生于知识在城市网中的流动转移，继而增加了每个节点可获得的知识总量，并提高了知识的转移速度。

交易成本包括运输成本、沟通成本和其他不确定成本。外部优势能影响企业的交易成本（Scott，1988），包括流动标准化、流动的时空稳定性、中间人和分包商的存在，以及无形交换中的其他好处（如面对面联系）。莫里等人（Mori et al.，2002）将这些元素称为运输中的经济密度，它们存在于单个企业的外部，但在多个集中型企业的内部，并以此形成城市间稳固的联系。

结构优势有两种获得途径：从静态的视角来看，它产生于城市之间资源和产品配置的优化；从动态视角来看，城市之间相互作用的形态会影响相关机制，如知识分配、交易成本或者反馈机制。对于不同城市，知识在网络中转移的速度和留存可能性不同。

图 2.2 能较好地解释城市网络的经济效应。假设有三个城市 a、b、c，人口规模分别为 N_a、N_b 和 N_c，其中 $N_a = N_b + N_c$。假定集聚静态总量对三个城市来说是一样的，区别在于城市 b 和 c 的经济总量在 B 点，而城市 a 的经济总量在 D 点（三个城市的经济效应一样，是因为人口规模大的城市 a 由于拥堵抵消了集聚效应）。然而，城市 b 和 c 联系紧密，两个城市获得网络经济，因此其产生网络经济的曲线上移至 A 点，这意味着两个规模相对小的城市一旦形成城市网络，其产生的网络外部经济大于没有网络经济的大城市。

生产性服务业能克服空间对生产活动的约束，将以往必须集聚在一个区间的经济活动分布在不同的区域，极大地扩展了产业链的空间延展性，为城市网络经济的形成提供了新的产业业态，通过网络经济效应的不断增强，又反过来促进了生产性服务业的发展。从这个意义上说，生产性服务业和城市经济之间是一种相互促进的关系。

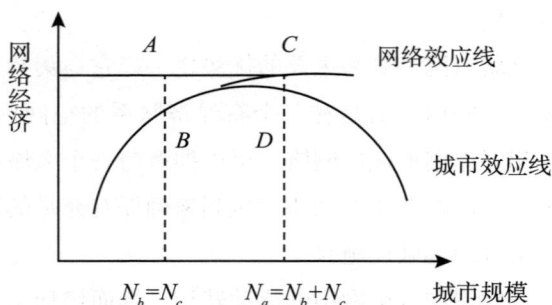

图 2.2　城市规模、网络经济与城市增长

二、生产性服务业与城镇化发展：区位重构及生产匹配机制

（一）基于集聚与扩散效应的区位重构机制：产业升级与空间

城镇是人类生产和生活集聚的空间，任何生产组织在生产选址以及家庭在生活选址时，必须要考虑空间要素。因为空间本身具有异质性，企业选址时要充分考虑其生产的特点、上下游市场的便利性等，所以空间最先出现在工业选址理论中，并由此受到经济学的关注，被主流经济学所接受。生产活动在空间选址时，首先考虑要素和商品运输成本以及集聚经济，这些因素会影响生产活动的空间分布状况。企业集聚选址能共享公共基础设施和服务，享受知识溢出效应以及专业化中间产品市场。这些由集聚产生的经济效应分别来自规模经济、地域化经济和城市化经济。而运输成本的存在则会带来生产和生活活动的空间扩散。

生产性服务业能改变集聚和扩散效应，通过区位重构机制，对产业和空间进行优化配置，从而促进新型城镇化发展。

第一，生产性服务业改善了企业空间组织结构，空间分布更为优化，规模经济获取更为灵活。由于现代物流、互联网通信、更为快捷的交通网络等生产性服务业的快速发展，企业生产链条不一定要在空间上集聚。生产链条空间分离的可能性让企业可以把生产的各环节分别与空间要素进行重新匹配，企业各要素配置效应可得到明显改善，这样企业规模效应不一定会减少，但是企业生产活动在空间上的分布将更为合理。通过生产性服务业发展带来的扩散效应，减少了空间经济学上的运输成本，也削弱了经济活动过度集聚带来的拥堵等城市病，从而促进了新型城镇化发展。

第二，生产性服务业的发展使许多公共性服务能跨城实现共享，促使城市化经济广化。城市化经济来自城市能为企业提供那些需要巨大固定资本投入而具有公共品性质的基础设施，以及企业能更为便捷地获得中间产品或服务，更为快捷地接近和响应消费市场。城市化经济来自经济集聚，是厂商与外在部门互动产生的经济外部性。城市化经济受限于空间，而生产性服务业能在一定程度上使城市化经济实现跨城共享，从而实现城市化经济的广化，如现代互联网技术的发展使信息实时共享成为可能，企业获得中间产品或服务的方式通过互联网和物联网等发生了极大改变，克服了空间对企业组织要素的约束。因此，产业因为城市化而集聚的强度弱化，产业在空间上重新组织，有利于城市之间的均衡发展，避免中小城镇产业发展乏力的问题，从而促进新型城镇化发展。

第三，生产性服务业可优化城市内部结构，提升城市承载力，降低生产活动的运输成本，减少扩散效应。电子商务、现代金融、现代交通、信息服务等生产性服务业的快速发展能极大地优化城市内部组织结构，如在交通便利性增强的同时，人们以网络交流的方式部分代替了面对面交流，从而减少了拥堵。大城市出现部分产业迁移。因为相对于制造业来说，服务业占用的空间更少，就业容纳度更大，首位城市以服务业为主要发展产业，这样也会提高城市的承载力。

（二）要素与生产匹配机制：城市从层级竞争到网络协调

在区位没有被扭曲的情况下，生产性服务业能通过要素与生产匹配机制来促进城镇化，让传统的层级式城市关系转变为协调的网络式城市关系。要素和生产集聚具有匹配外部性，即随着劳动力和企业数量的增加，劳动者找到提供与其技能更匹配的岗位的雇主的可能性更高，而且调整错配的成本代价更小。生产性服务业能加快信息流通、要素流转，提高企业根据市场变动进行生产调整的能力。这样就为资源信息匹配提供了更多的选择和可能，也使要素和生产最优化的可能性更大。匹配调整不是在每个生产波段进行的，生产性服务业能明显增加调整波段。这种匹配机制首先是在本地城市消费和生产活动中产生作用，并随着生产性服务业带来的生产片段化，把各城市的生产联系得更加紧密，匹配就在城市体系之间进行。这种匹配机制只要在空间上不存在制度障碍，就会促进城市生产效率及整个城市体系生产效率的提高，从而加快城镇化进程。正如亚当·斯密在《国富论》中所说，两个大都市相互进行大规模的贸易，相互提供市场，并对彼此的产业发展相互给予很大的鼓励。生产性服务业具有加强各大城市空间关联的作用，所以能极大地促进关联城市之间的发展。

生产性服务业促进城镇化还有赖于区位关联。企业为了谋求竞争优势，会极力寻找具有更大正外部性的区位来发展，所以区位在产业空间转移中起着极为重要的作用。换句话说，如果空间区位没有被扭曲，生产性服务业依靠要素与生产匹配机制，将有力地促进城镇化与产业空间转移的良性互动并均衡发展。生产性服务业正是在区位成本引导下来带动产业空间合理变动，并促进城镇协调发展的。

如果空间区位被扭曲，大城市集聚效应和累积循环效应放大，生产性服务业将会抑制城镇化进程。本地政府出于对地方经济和财政追求，采取各种政策和措施来吸引制造产业到本地发展，这些政策和措施可能会违背地方比较优势，从而扭曲空间区位。这种扭曲会改变企业及产业的空间选址行为。根据产业演变规律，生产性服务业首先在大城市得到发展。该级城市以此吸引新产业和新要素不断集聚，进而导致区位成本上升。如果本地行政部门对市场进行干预，例如，给本应迁移的某些产业和企业进行补贴，提供更为优惠的税收政策；通过本区域财政集权，优先使用本区域财政收入来改善上级城市基础设施和生活设施，通过各种方式补贴上级城市市民生活成本等，这些政策措施会降低上级城市的区位成本。同时，产业和要素聚集存在集聚效应，这种效应带来的正收益超过了区位成本的上升（由于区位扭曲，区位成本上升被抑制）。当处于产业链低端的企业从集聚效应中获得的地方化经济和城市化经济效益大于区域成本上升时，企业就不会在空间上转移生产活动。于是，次级城市区位相对劣势就会进一步恶化，要素和产业就会向上级城市加速集聚。在此过程中，次级城市市场规模缩小，规模效应降低，而上级城市规模效应扩大。也就是说，产业和要素将不断向大城市集聚。随着城镇间产业差距扩大，不协调加剧，各级城市又会加大对产业变动的干预，各级区位扭曲将不断强化，从而导致中小城镇等下级城市发展乏力，城市功能弱化，城市间发展不协调，城镇化进程减缓。

城市规模扩大带来的生产率增长会导致外部经济，这些外部性影响体现在产业、地理和时间三个方面，其中单个产业集聚的地方性经济和所有产业集聚导致城市化经济；地理空间通过集聚经济，随距离增加而递减来发挥作用；经济主体交往花费时间的长短通过知识外溢等影响生产率，进而导致集聚经济发生。这三个方面是产业集聚于城市发展的内在原因。然而，随着经济集聚发展，会导致城市拥堵加剧、地租上涨、生活和生产成本提高。如果企业和劳动者从集聚经济中的获益不能抵销城市拥堵等带来的成本上升，经济参与者就会重新选址。这就是产业空间分布以及城市规模变动的内在逻辑。

第三节　基于阿卜杜拉—腾田框架的模型与假设

生产性服务业作为中间投入品生产者，能为企业创造更多共享要素的机会，如互联网社交软件产业、基于快捷交通的现代物流产业等，将影响产业、地理和时间范围，改变经济集聚，进而优化城市产业布局，使城市间产业分工更为合理，降低城市拥堵成本，各级城市发展更加均衡，所以本书认为生产性服务业能带来城市总体收益递增。假设提供服务的生产性服务业是垄断竞争产业，并定义为张伯伦生产函数（Chamberlin，1933），将其植入阿卜杜拉—腾田城市分析框架（Abdel-Rahman，Fujita，1990）。

假设生产最终产品的部门的规模收益不变，产业为完全竞争，并假定资本不变，主要考虑使用生产性服务业提供的中间产品进行生产，生产技术具有不变替代弹性 $(1+\delta^{j})/\delta^{j}$，$\delta^{j}>0$。部门 j 的最终总产量为：

$$Q_{j} = \left\{ \int_{0}^{n_{j}} [x_{j}(h)]^{1/(1+\delta_{j})} dh \right\}^{1(1+\delta_{j})} \quad (2.1)$$

其中，$x_{j}(h)$ 为生产性服务业企业投入服务 h 到部门 j 的数量，n_{j} 为均衡时内生决定的生产服务投入的数量。每项生产性服务的生产技术由以下生产函数决定：

$$l_{j}(h) = [x_{j}(h) - \alpha_{j}]/\theta_{j} \quad (2.2)$$

其中，$l_{j}(h)$ 为企业劳动投入，θ_{j} 为劳动边际生产力，α_{j} 为部门 j 的固定成本。生产函数规模递增。当没有范围经济时，一家生产性服务业企业提供一种服务。

如果部门 h 服务品价格为 $h_j(h)$，成本函数为：

$$c_j(h) = \int_0^{n_j} p_j(h) x_j(h) dh \qquad (2.3)$$

由式（2.1）和式（2.3）可得生产性服务需求：

$$x_j(h) = \left[p_j(h) \right]^{-(1+\delta_j)/\delta_j} Y_j / \left\{ \int_0^{n_j} \left[p_j(h) \right]^{-1/\delta_j} dh \right\}^{(1+\delta_j)} \qquad (2.4)$$

由式（2.4）可得，生产性服务的价格需求弹性为 $(1+\delta_j)/\delta_j$。

所以，每单位生产性服务利润最大化的价格为：

$$p_j = w_j \times \frac{1+\delta_j}{\theta_j} \qquad (2.5)$$

其中，w_j 为部门 j 的劳动力工资。

如果劳动力自由流动，生产性服务业为完全竞争市场，则：

$$p_j x_j = w_j l_j \qquad (2.6)$$

结合式（2.2）和式（2.5），得到：

$$x_j = \alpha_j / \delta_j \qquad (2.7)$$

再由式（2.2）和式（2.7）推出，每家生产性服务业企业雇用的劳动力为：

$$l_j = \theta_j \delta_j / \alpha_j (1+\delta_j) \qquad (2.8)$$

所以，生产性服务业企业的数量为：

$$n_j = \frac{L_j}{l_j} = L_j \alpha_j (1+\delta_j) / \theta_j \delta_j \qquad (2.9)$$

其中，L_j 为生产性服务部门 j 雇用的所有劳动力。把式（2.7）和式（2.9）代入式（2.1），得到部门 j 的总产量：

$$Q_j = \left[n_j (x_j)^{1/(1+\delta_j)} \right]^{1+\delta_j} = L_j^{1+\delta_j} \qquad (2.10)$$

由式（2.10）可知，随着部门 j 有明显的规模收益递增性，其劳动力投入增加会导致更多的生产性服务业企业的产生，而当生产性服务业提供的服务种类增加，最终生产企业的生产效率也会提高。由此可以得出：

假定1：城市产业具有规模收益递增性，并能促进生产性服务业发展，生产性服务业又进一步提升产业生产率，从而加剧产业向城市集聚。

但是，随着经济活动集聚发展，产业和要素的集聚必然导致城市空间租金的上涨，加速城市拥堵，进而提高生产成本和消费成本。而城市不同产业的生产效率存在差异，对于生产效率低的企业，一旦城市集聚收益不能弥补租金和要素成本的增加，必然将通过生产环节分离或生产活动重新选址来缓解利润的下降，结果会出现产业或生产活动在拥堵及集聚效益不同的城市之间进行新的配置，也就是所谓的城市间产业转移。生产性服务业具有促进产业链条从企业内分离的作用，加之能缩小城市之间关联成本以及减少企业空间距离扩大带来的损失，从这个意义上来说，生产性服务业能够促进产业的扩散转移。

假定 2：生产性服务业集聚于城市发展，促进制造产业空间转移，优化城市之间的经济关系，从而有利于城镇协调发展，加快城镇化进程。

本书认为，假定 2 的作用可称之为生产性服务业的协同扩散效应。只要区位不被扭曲，通过协同扩散效应，生产性服务业与城镇化能互动发展，具体机制如下：随着上级城市的发展，通过产业范围经济及时间范围经济带来的本地化经济和城市化经济，加速城市经济集聚，而集聚经济发展将带来生产性服务业的发展。在这一过程中，由于企业和劳动力等要素的迁入，必然带来城市区位租金成本上涨，生产效率相对较低的产业及其企业由于不能承担城市租金的上涨而重新选址，这样部分生产企业会迁出城市，选择租金相对较低的地区发展，从而发生产业在城市之间的分散与向下转移。随着新的产业和要素流入次级城市，出于同样的原因，该产业迁入城市的区位优势上升，产业集聚增强，城市发展加速，市场扩大。与此同时，次级城市拥堵加剧，区位成本上升，从而生产效率较低的企业向空间成本更低的下级城市转移⋯⋯这种在集聚经济、城市租金等因素影响下导致的产业循环向下扩散转移的过程就是产业集聚在城市间的协同扩散效应。这种效应能促进城镇呈网络结构体系发展，有利于城市间经济协调发展，从而有效加快新型城镇化的进程。

第三章 生产性服务业与新型
城镇化发展现状

第一节 生产性服务业发展现状

生产性服务业具有资本及知识等要素密集度高、空间集约度强以及产业关联度高等特征，在优化升级产业结构、大力推动城镇发展等方面具有重要作用。随着我国工业化与城镇化进程的不断推进，以生产性服务业为主的服务业持续快速发展。根据国家统计局公布的数据，2019 年我国第三产业增加值达534233 亿元，增长 6.9%；全国服务业生产指数较上年增长 6.9%，第三产业增加值占国内生产总值的比重为 53.9%，比上年提高 0.6 个百分点；信息传输、软件和信息技术服务业，租赁和商务服务业，金融业，交通运输、仓储和邮政业增加值分别增长 18.7%、8.7%、7.2% 和 7.1%。本书根据第二章对生产性服务业的定义及统计归属，考虑到本书中生产性服务业包含的七大行业于2003 年前后在统计上有调整，部分数据在之前难以获得，于是选定 2003 年为计算的起始点来描述我国生产性服务业的发展现状，探讨存在的问题。为了更加准确地了解我国各地级市生产性服务业的整体发展情况，本书选取 2003 —2018 年全国 283 个地级市（不包括香港、澳门、台湾、西藏，以及已经撤销的和新设立的地级市）的相关面板数据。这些数据均来源于历年的《中国统计年鉴》《中国城市统计年鉴》，以及中经网统计数据库。

一、行业总体发展迅速

在改革开放以前，工业发展在速度及规模等方面较新中国成立初取得了很大成就，但受制于时代发展的阶段性及生产技术水平，由工业生产发展到一定阶段而衍生出来的生产性服务业缺乏发展基础，整个第三产业的发展比较滞后。当时，我国只存在一些传统服务业，如邮政仓储服务、交通运输业，服务业整体发展不足，在三大产业中占比很小。改革开放之后，尤其是进入21世纪以来，随着我国经济模式转型和工业化快速推进，第三产业发展较为迅速，生产性服务业也随之有所增长。根据国家统计局公布的数据，2013年第三产业占国民经济的比重首次超过第二产业，2018年达到53.9%。我国服务业已经有了较大的发展，虽然与发达国家服务业占比达70%以上的水平还存在差距，但也表明了我国正在向服务型经济逐步转变，这是因为国家意识到了第三产业对经济增长举足轻重的作用。"十三五"规划中指出，要积极推动生产性服务业向专业化和价值链高端扩展、生活性服务业向精细和高品质转化，推动制造业由生产型转变为生产服务型。

（一）总体发展水平和基本趋势

我国生产性服务业发展总体仍滞后于经济发展。生产性服务业作为服务业的主要部分，是与制造业直接相关的中间服务业，是由于技术与制度的演变，从制造业内部的生产流程中分离而发展起来的新兴产业，虽历经的时间不长，但已在服务业中拥有较高的占比。从图3.1可以看出，除2003年和2004年

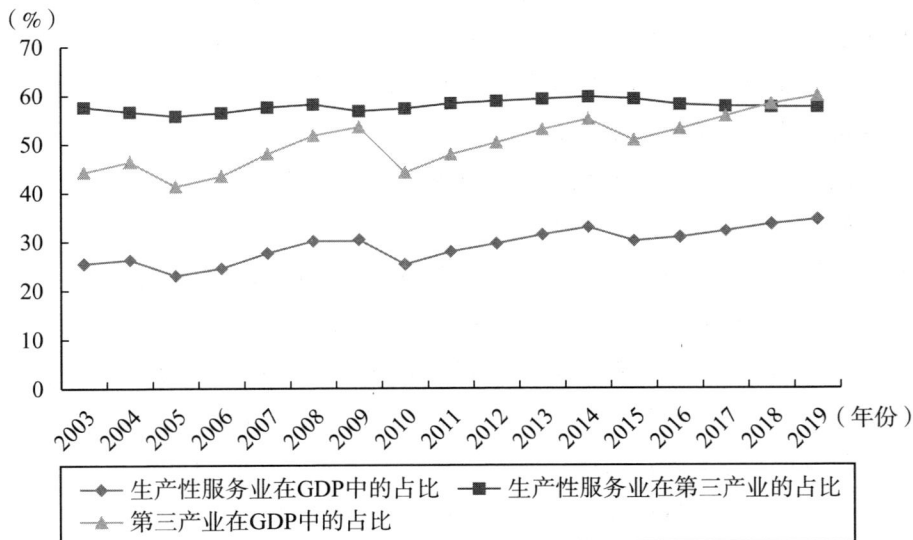

图3.1　生产性服务业整体发展水平

资料来源：中经网统计数据库。

以外，生产性服务业在第三产业中的占比都高于55％，甚至在2014年达到了60％以上，这是由于近几年互联网络的迅猛发展，生产性服务业中的"科学研究、技术服务和地质勘查业"与"信息传输、计算机服务和软件业"得到了快速发展。生产性服务业对GDP的贡献从2003年的34.45％增长到2019年的34.51％，呈现逐年增长趋势，且增长速度十分平稳，但总体规模并不大。目前，我国生产性服务业发展总体仍滞后于经济发展、社会进步的要求，与第一产业、第二产业、出口贸易等联动不足。从成熟度来看，生产性服务业目前还处于发展阶段，未来还有较大的发展空间。

（二）分行业发展情况

本书界定生产性服务业包括科学研究、技术服务和地质勘查业，交通运输、仓储和邮政业，信息传输、计算机服务和软件业，金融业，水利、环境和公共设施管理业，租赁和商业服务业，批发和零售业七个行业。其中，金融业，信息传输、计算机服务与软件业，科学研究、技术服务和地质勘查业属于知识与技术密集型行业，与一个经济体的研发投入、技术与知识创新等因素有很大关系，也是在经济中具有极大增长空间的行业；而交通运输、仓储和邮政业，水利、环境和公共设施管理业，租赁和商业服务业，批发和零售业从历史发展来看更靠近传统行业，但是在互联网、物联网等技术的渗透下，正在向现代服务业转型，有了更多的生产性服务业的属性。由此可以看出，各个行业在生产性服务业中扮演着不同的角色，发展方式也不同。2003—2019年生产性服务业各行业发展情况如图3.2所示。

由图3.2可知，2010年后，生产性服务业高速增长，但各行业在发展速度和规模上存在很大的差距。在七大行业中，批发和零售业增加值产值最高，且呈现出较高的增长速度，2011—2015年的年产值增加率均超过20％。由于现代物流和电子商务的发展，批发零售商务模式发生了革命性变化。随着全国完善的交通体系和物流体系的建立，批发和零售业不仅能为消费者，也能为生产者提供服务。这一变化成为批发和零售业迅猛增长的重要推动力，该行业在这一阶段取得了令人瞩目的增长成效。其次为金融业，其GDP增加值排名第二，在2019年突破77000亿元，相比2003年增加了70000多亿元，在生产性服务业中同样扮演着重要的角色。这归功于电子商务的快速发展和现代物流网

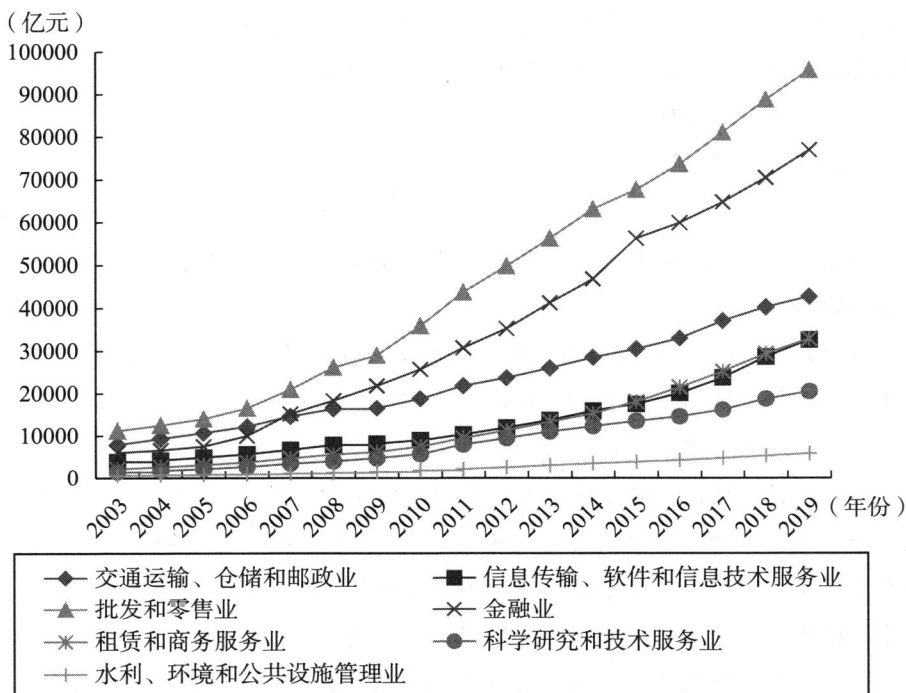

图3.2　全国生产性服务业各行业增加值变化情况

资料来源：中经网统计数据库。

络逐步完善。互联网消费需求带动了运输和仓储行业的迅猛增长。交通运输、仓储和邮政业，信息传输、软件和信息技术服务业，租赁和商务服务业的增长方式大体一致。信息传输、软件和信息技术服务业在 2013 年得到快速增长。水利、环境和公共设施管理业的发展速度在所有生产性服务业中最慢，贡献度也最低，产值增加也相对缓慢，这是由于这一行业具有公共品性质，投入巨大，且回报相对较低，但其对践行我国生态文明理念、促进地域公共服务均衡发展、带动新型城镇化具有重要意义，所以国家应该重视这一行业的投融资制度创新，进一步促进该行业深入发展。

二、产业专业化及多样化集聚差距大

发达地区和城市对生产性服务业具有天然的吸引力，或者说生产性服务业首先在具有较好的基础设施、制度环境和产业基础的地域发展。我国区域不平衡的现象比较突出，所以有必要掌握生产性服务业在我国的空间集聚状况。本书测算了我国不同层级专业化集聚和多样化集聚两种模式的水平。

（一）专业化集聚

区位商的计算公式如下：

$$psm(I) = S_i/X_i \tag{3.1}$$

其中，S_i 表示区位在生产性服务业中的就业份额，X_i 表示区位 i 在全部就业中的份额。

$psm(I)$ 小于 1，表明城市 i 的生产性服务业行业分布相对分散；$psm(I)$ 大于 1，表明城市 i 的生产性服务业分布集中。$psm(I)$ 越大，说明分布越集中，生产性服务业发展越好。

本书统计了我国 258 个地级及以上城市的情况，按地区分别计算了其区位商。由表 3.1 和图 3.3 可以看出，2003—2016 年，我国各地级市的生产性服务业总体集聚规模先逐步上升，在 2010 年达到 3.803，之后又逐步下降。在我国生产性服务业的发展过程中，区域发展不平衡的问题十分突出。东部地区的生产性服务业的集聚化水平明显高于中部和西部地区。即使在同一区域内部，也存在着显著的差异，在北京、上海等经济相对发达的城市，生产性服务业发展水平较高，而且各省份的省会城市的生产性服务业发展也快于其省内的其他城市。

表 3.1   2003—2018 年我国分区域生产性服务业集聚的专业化程度

年份	东部地区	中部地区	西部地区	东北地区	全国
2003	2.1147	0.4960	0.4211	0.0254	3.0572
2004	1.9995	0.4205	0.3461	0.0208	2.7869
2005	2.2306	0.4066	0.3390	0.0241	3.0003
2006	2.1940	0.5673	0.4414	0.0272	3.2299
2007	2.3567	0.5523	0.4604	0.0344	3.4038
2008	2.5702	0.5519	0.4471	0.0358	3.6050
2009	2.6436	0.5837	0.4425	0.0364	3.7062
2010	2.7648	0.5577	0.4418	0.0387	3.8030
2011	2.5267	0.5559	0.4435	0.0297	3.5558

续表

年份	东部地区	中部地区	西部地区	东北地区	全国
2012	2.2582	0.5128	0.4048	0.0220	3.1978
2013	2.0091	0.5405	0.3006	0.0111	2.8613
2014	2.2201	0.4651	0.3313	0.0223	3.0388
2015	2.1400	0.5209	0.3291	0.0210	3.0110
2016	2.3823	0.6134	0.3702	0.0255	3.3914
2017	2.4904	0.5222	0.3178	0.0239	3.3543
2018	2.4514	0.5272	0.3518	0.0251	3.3555

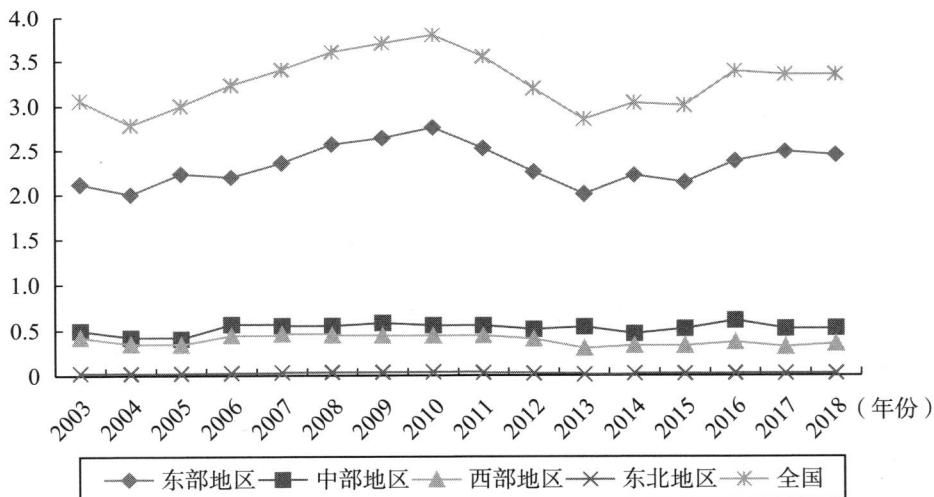

图 3.3　2003—2018 年我国各地区生产性服务业集聚的专业化程度

资料来源：中经网统计数据库。

（二）多样化集聚

本书选取赫芬达尔—赫希曼（HHI）这一指数的倒数（*div*）来测算生产性服务业多样化集聚水平。赫芬达尔—赫希曼指数是用企业数量及企业所占市场份额来衡量行业集中度的指标。由于企业所占市场份额的数据难以获得，故本书使用赫芬达尔—赫希曼指数的倒数（*div*）进行测算。*div* 指数越大，说明生产性服务业多样化集聚程度越高。

$$div = \frac{1}{\sum\limits_{j} |S_{ij} - S_j|} \tag{3.2}$$

其中，S_{ij} 代表城市 i 的产业 j 的就业人数占城市所有产业就业人数的百分比，S_j 表示行业 j 的全国范围内的从业人数总和占全国各行业所有从业人员的百分比。

由表 3.2 和图 3.4 可以看出，2003—2018 年，我国生产性服务业总体多样化集聚规模平均值为 8.0782，最大值为 9.5419，最小值为 6.5017，呈现不稳定集聚状态。东部地区由于在我国国民生产中占比较大，生产性服务业也较为发达，故其多样化集聚规模与全国集聚趋势基本一致，但近几年集聚多样程度稳步上升，并在 2016 年达到高峰（5.6678）。其余三个地区在 2003—2011年生产性服务业多样化集聚规模相差不大，且较为稳定。2012 年后，中部地区 div 指数显著上升，达到 2.5199，但随后几年并未保持继续增长，反而持续下降。与之相反，2012 年后，东部地区的 div 指数持续上升，原因可能是东部地区经济发展速度快，经济创新活力大，产业结构逐渐调整，第三产业发展迅速，从而吸引了生产性服务业的多样化发展。

表 3.2　　　　2003—2018 年我国各地区生产性服务业集聚的多样化程度

年份	东部地区	中部地区	西部地区	东北地区	全国
2003	4.3325	1.4522	1.2138	0.8487	7.8472
2004	3.3939	1.3531	1.0256	0.7291	6.5018
2005	4.2196	1.1956	1.0471	0.6876	7.1498
2006	5.1563	1.3631	1.1383	1.1399	8.7975
2007	5.0245	1.1269	1.2001	0.8446	8.1960
2008	4.1244	1.2204	1.0995	1.1634	7.6078
2009	3.8450	1.1302	1.3447	0.7370	7.0570
2010	4.8911	1.2182	1.1783	0.6479	7.9354
2011	4.3530	1.2787	1.5266	0.6793	7.8376
2012	4.0600	2.5199	1.7980	1.1085	9.4863
2013	5.1754	2.5039	1.3353	0.5273	9.5420
2014	4.5357	2.0684	1.0981	0.4496	8.1518

续表

年份	东部地区	中部地区	西部地区	东北地区	全国
2015	4.9809	1.5510	1.8539	0.3973	8.7830
2016	5.6678	1.0401	1.1025	0.3662	8.1766
2017	5.0534	1.5015	1.2853	0.4387	8.2789
2018	4.8678	1.4321	1.1985	0.4036	7.9020

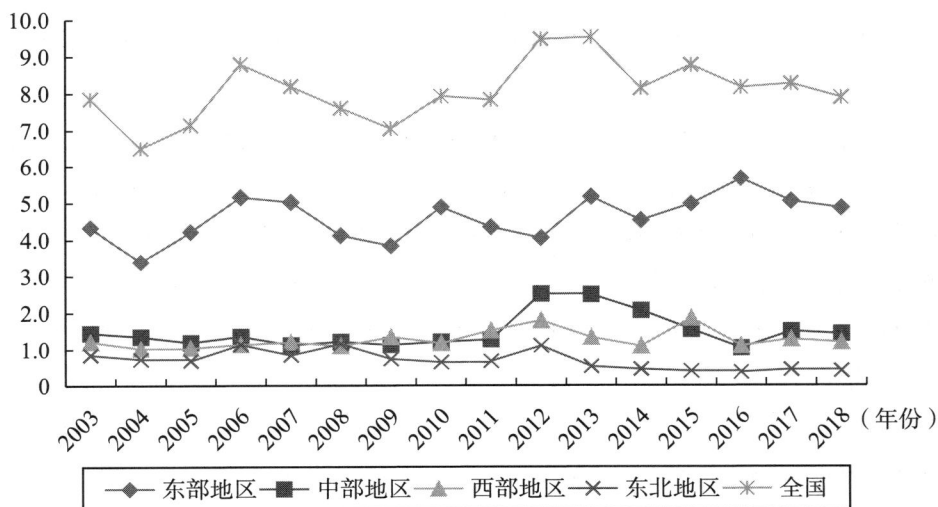

图 3.4　2003—2018 年我国各地区生产性服务业集聚的多样化程度

资料来源：中经网统计数据库。

三、区域发展差异性明显

泰尔指数是由亨利·泰尔（Henri Theil）在 1967 年提出的，作为区域经济社会发展不平等程度的测度指标，具备良好的可分解性质，用一定的指标进行加权来计算差异，还能分别衡量组内差距与组间差距对总差距的贡献。为了对我国四大区域经济差异进行分解分析，本书采用了具有可分解性质的泰尔指数。泰尔指数的计算公式如下：

$$T = T_b + T_w = \sum_{k=1}^{K} y_k \log \frac{y_k}{n_k/n} + \sum_{k=1}^{K} y_k \left(\sum_{i \in gk} \frac{y_i}{y_k} \log \frac{y_i/y_k}{1/n_k} \right) \qquad (3.3)$$

其中，T 表示泰尔指数，T_b 与 T_w 分别为群组间差距和群组内差距，K 是按某种特征划分的组数，在本书中 $K=4$（东部、中部、西部和东北地区）；假设包含 n 个个体的样本被分为 K 个群组，每组分别为 $g_k = (k = 1, 2, \cdots, K)$，第 k 组 g_k 中的个体数目为 n_k，则有：

$$\sum_{k=1}^{K} n_k = n \qquad (3.4)$$

y_i 与 y_k 分别表示城市 i 的生产性服务业份额与群组 k 的生产性服务业总份额。

由表 3.3 可知，从全国来看，2003—2010 年泰尔指数呈现出明显的下降趋势，随后五年又开始回升，但总体较 2003 年有所减小，说明我国生产性服务业发展差异性有所降低。从区域差异性来看，东部地区的泰尔指数明显高于其他三个地区，但与中部和西部地区的差距在不断缩小，东北地区没有明显变化。这说明东部地区内的生产性服务业发展差异性较大，而中部和西部地区发展差异相对较小，东北地区差异性很不明显或者说几乎没有差异。2003—2018 年，东部和西部地区的泰尔指数呈显著下降趋势，意味着随着区域经济水平的提升，区域内生产性服务业发展也都得到了相应的提高，并且差异在减小；中部地区泰尔指数在 2014 年之前一直处于平稳下降态势，但在随后的三年趋于上升，这可能与我国实行"中部崛起"战略带来的发展有关，由于中部地区省份所跨地域较广，各省份的资源分布和国家政策扶持力度不同，经济发展的差异性不断增强，显示出内部生产性服务业发展差异有所扩大。

从泰尔指数分解来看，组间的发展差异性远大于组内差异，说明我国生产性服务业发展差异主要来自区域之间的差异。结合实际情况分析，生产性服务业发展受资源禀赋、第二产业发展程度、基础设施建设等因素的影响，东部经济水平提高、产业结构不断转型以及第三产业发展迅速，促进了东部地区生产性服务业水平的提高，最终导致组间差异加剧。

表 3.3　　2003—2018 年我国各地区生产性服务业发展泰尔指数及其分解结果

年份	全国	东部地区	中部地区	西部地区	东北地区	组间差异	组内差异
2003	0.7373	0.3095	0.1914	0.1637	0.0727	0.6066	0.1307
2004	0.6115	0.2877	0.1339	0.1319	0.0580	0.5631	0.0485
2005	0.5706	0.2855	0.1160	0.1199	0.0493	0.5445	0.0262
2006	0.5332	0.2136	0.1264	0.1420	0.0512	0.4854	0.0477
2007	0.5252	0.2107	0.1285	0.1325	0.0535	0.4615	0.0637
2008	0.5326	0.2239	0.1265	0.1336	0.0485	0.4962	0.0364
2009	0.5482	0.2306	0.1220	0.1419	0.0538	0.4992	0.0490
2010	0.5415	0.2345	0.1135	0.1407	0.0528	0.4980	0.0435
2011	0.5501	0.2251	0.1194	0.1535	0.0521	0.4548	0.0953
2012	0.5542	0.2200	0.1165	0.1744	0.0433	0.5372	0.0170
2013	0.5975	0.2459	0.1176	0.1904	0.0437	0.5784	0.0192
2014	0.5663	0.2536	0.1206	0.1468	0.0453	0.5204	0.0459
2015	0.6428	0.2554	0.1745	0.1692	0.0437	0.5909	0.0518
2016	0.6304	0.2652	0.1802	0.1381	0.0469	0.5512	0.0792
2017	0.5902	0.2442	0.1381	0.1621	0.0458	0.5388	0.0514
2018	0.5815	0.2472	0.1348	0.1485	0.0511	0.5277	0.0539

第二节　我国新型城镇化发展现状

一、城镇化规模取得了长足进步

经过 70 多年的艰苦奋斗，全国城镇化规模有了长足发展。根据各年份国家统计年鉴的数据显示，2018 年我国城镇人口占比已从 1960 年的不到 20% 增长到 59.58%，城镇人口总数达 83137 万人。根据对数趋势线预测，未来我国城镇人口占比将接近 75% 左右。

　　尤其是，2010 年我国城镇人口数首次超过农村人口数，城镇人口与农村人口呈现剪刀差（见图 3.5）。就该指标来看，我国已经从以农业人口为主转变为以城市人口为主，正式走在了城市发展的道路上。当然，城市之路如何走，还需要不断探索。

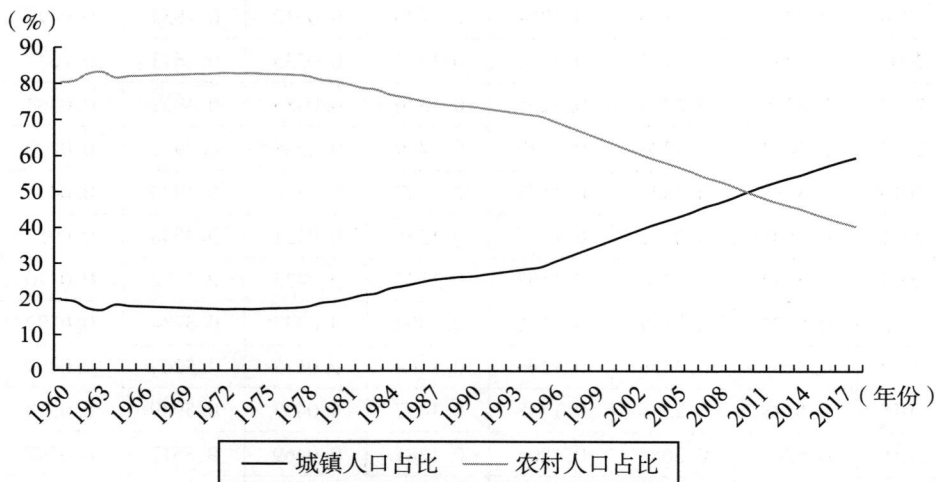

（%）

图 3.5　1960—2018 年全国城镇人口占比

资料来源：国家统计局。

　　从城市数量来看，1978 年我国的城市不到 200 个，到 1994 年增加到 622 个，之后城市数量基本稳定在 600～700 个（见图 3.6）。城市发展从数量发展向规模发展转变。

　　我国城镇化发展速度有坚实的经济基础作为支撑。以人均 GDP 来衡量，1952 年仅为 119 元，而 2018 年增长到了 64644 元。特别是人均 GDP 从 1952 年的三位数增加到 2002 年的 10000 元，我们花了 50 年的时间，而人均 GDP 从 2003 年的 10666 元增加到 2019 年的 60000 元仅用了 16 年时间（见图 3.7）。这为城镇化提供了经济上的保障。

（个）

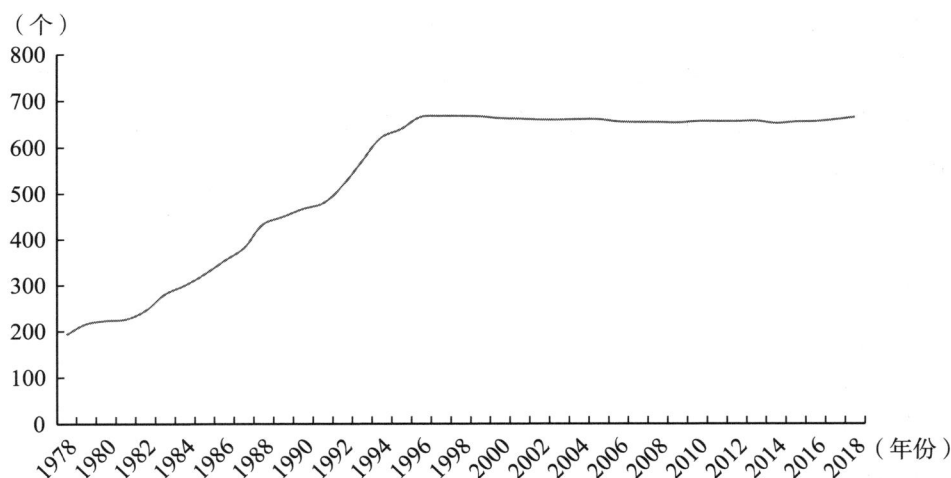

图 3.6　1978—2018 年全国城市数量

资料来源：国家统计局。

（元）

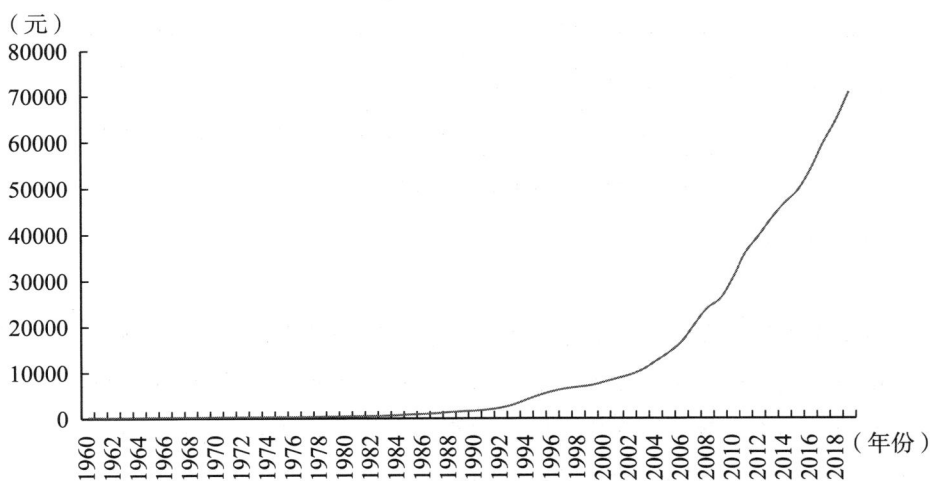

图 3.7　1952—2018 年全国人均 GDP

资料来源：国家统计局。

　　产业升级和转移对城市发展具有重要的影响。从产业结构来看（见图3.8），新中国成立初期我国农业产值占比较高，随着国家重工业战略的实施，工业增加值快速提升，在很长时间内，第二产业占比在三次产业中是最高的。

第二产业为国家发展、社会进步、人民幸福作出了重大贡献。一直到 2013 年，也就是城镇人口首次超过农村人口的三年后，第三产业增加值占比超过了第二产业，我国经济发展开始进入服务业时代。这意味着，从此之后，服务业和城镇化发展开启了我国从规模向高质量转变的时代。

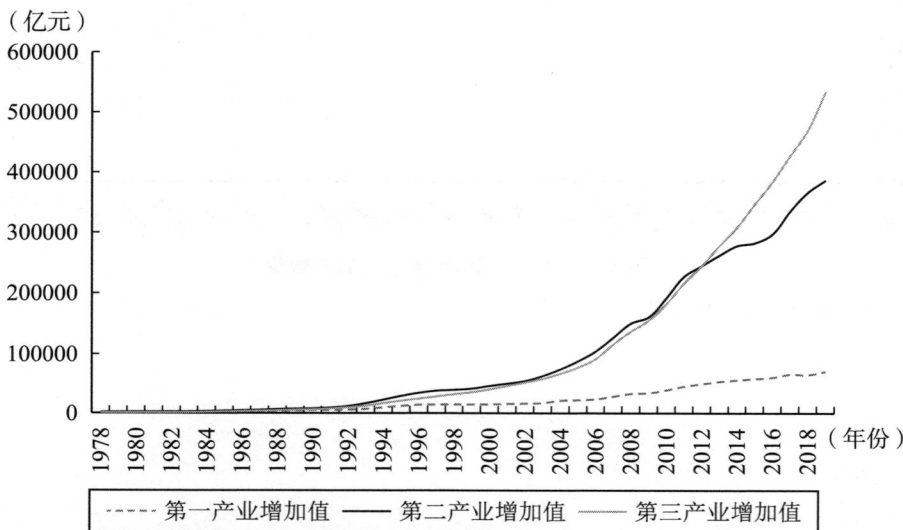

图 3.8　1978—2019 年全国三次产业年度增加值

资料来源：国家统计局。

以城镇人口来衡量，从总量上看，尽管我国城镇人口超过了农村人口，但是在城镇化质量以及城镇化均衡等方面还面临一些问题。城镇化质量不高表明我国城镇化还不充分，城镇化发展不均衡意味着在区域上、空间上的差异程度较大。这些是我国下一步亟待解决的问题。

二、城镇化发展还不充分

本书从人户分离、城乡消费差距、城市人口密度以及城镇基本公共设施等方面分析我国城镇化发展的质量。

我国人口分布的不稳定性现象比较突出。2018 年我国城镇人口已达 8 亿多人，但从我国流动人口来看，人口分布的不稳定性还比较突出。如图 3.9 所示，2010 年流动人口有 2.21 亿人，人户分离人口有 2.61 亿人，占当年全部人口近 20%。随着城镇化水平的提升，在城镇化率逐步达到 58% 的过程中，人户分离和流动人口随之上升，尽管 2014 年有所下降，但到 2018 年依然保持在流动人口 2.41 亿人的水平和人户分离人口 2.86 亿人的水平，比例相当高。这说明，在城镇化过程中，尽管通过产业人口转移吸引了农村劳动力，但是由于种种原因，这些家庭的主要劳动力还难以根据自己就业地域及就业岗位变化将整个家庭随迁。这就导致了庞大的人户分离人口和流动人口，同时表明了我们的城镇化深度不够。

（亿人）

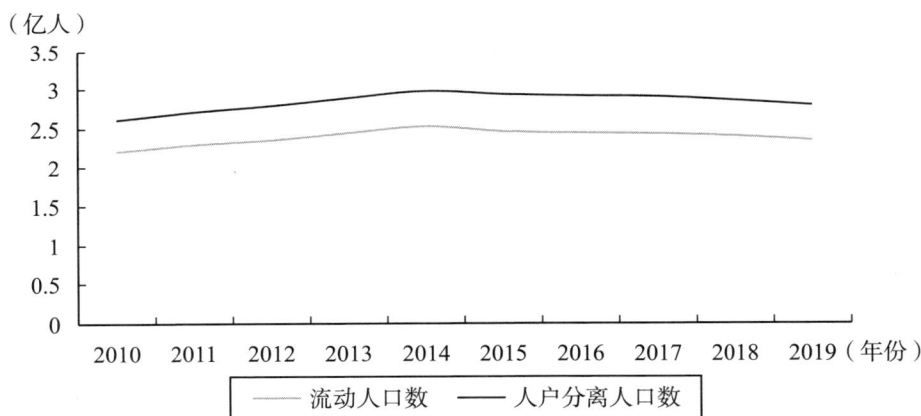

图 3.9　2010—2019 年我国人户分离及流动人口数

资料来源：中经网统计数据库。

　　我国的城乡发展差距依然显著。图 3.10 显示，以消费水平绝对值来衡量，城镇居民与农村居民的差距在进一步扩大，表明因城乡差距产生的吸引力会继续吸纳农村人口。以城乡居民消费比值来衡量，两者的差距从 1995 年的 3.55 降至 2.65。总体来看，城镇化的最终目的是要让整个社会的发展更为均衡。但当前的数据显示，我国城镇化不充分性还比较明显。

　　不同层级城镇之间的城镇化质量差异较大，小城镇的发展质量还存在较大的提升空间。表 3.4 展示了近几年来城镇几项公共服务设施的发展情况。数据显示，一般来说，全国城市总体水平高于县级市、镇的水平，这表明下级城镇的公共服务相对比较落后，还需加大在这方面的投入。

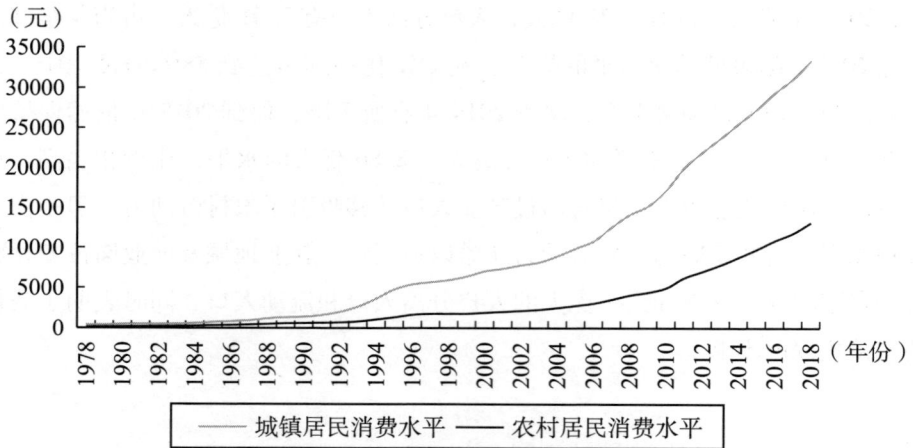

图 3.10　　1978 —2018 年我国城乡消费水平

资料来源：中经网统计数据库。

表 3.4　　　　　　　　　　　　各级城镇的公共服务情况

公共服务	年份	全国城市	县级城市	镇
人均公园绿地面积 （平方米/人）	2015	13. 35	10. 47	2. 45
	2016	13. 70	11. 05	2. 46
	2017	14. 01	11. 86	2. 46
	2018	14. 11	12. 21	2. 48
生活垃圾处理率 （%）	2015	97. 95	89. 66	—
	2016	98. 45	93. 01	—
	2017	99. 00	96. 11	—
	2018	99. 11	97. 11	—
燃气普及率 （%）	2015	95. 30	95. 30	75. 90
	2016	95. 75	95. 75	78. 19
	2017	96. 26	96. 26	81. 35
	2018	96. 70	96. 70	83. 85
人均拥有道路面积 （平方米）	2015	15. 60	15. 98	12. 79
	2016	15. 80	16. 41	12. 84
	2017	16. 05	17. 18	13. 56
	2018	16. 70	17. 73	13. 97

资料来源：中经网统计数据库。

三、区域间发展不均衡

在我国经济快速增长的同时，各个地区经济发展差异也在不断扩大。经济发展会推动城镇化的进程，但经济发展差异也造成了各地城镇化率差异大、地区发展不均衡等问题。

东部十省市的经济发展普遍领先于其他地区，其城镇化率基本都高于全国平均水平。其中，京津沪地区 2019 年的城镇化率更是高达 80% 以上，达到了发达国家的城镇化水平，在上海甚至还出现了逆城镇化（见图 3.11）。经济发达的沿海东部省份（江苏、浙江、福建、山东、广东）的城镇化率都已达到60% 以上，正处于城镇化发展中期水平，此后增长速度具有递减趋势，应努力探求一条高质量的新型城镇化道路。

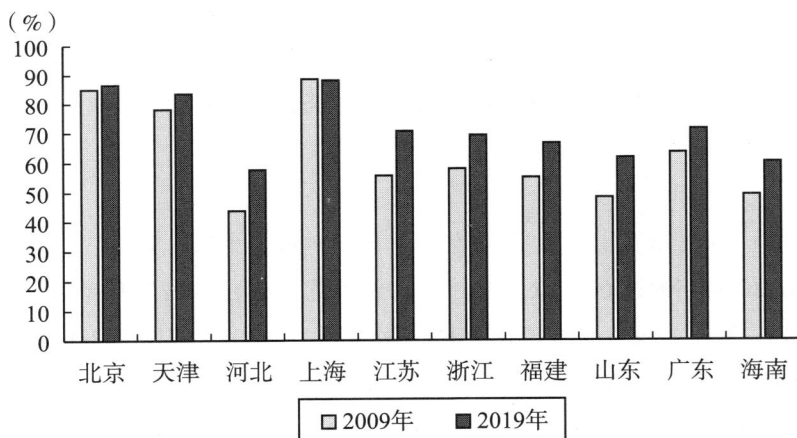

图 3.11　2009 年和 2019 年东部十省市的城镇化率

资料来源：中经网统计数据库。

截至 2019 年年末，中部六省（山西、安徽、江西、河南、湖北和湖南）的常住人口为 37246.6 万人，其中非农业人口为 21156.02 万人，所占比重达43.9%。中部六省人口基数大，农业人口比重较大，相对东部地区，经济较为落后，城镇化水平也落后于东部省市，城镇化率普遍为 55%～60%（见图3.12）。虽然中部地区城镇化发展水平相对不高，但是高农业人口占比意味着

发展空间大。中部地区是东部和西部的过渡区、衔接区，是我国实施新型城镇
化战略的重点区域，是推进全国城镇化率重要的增长支撑点。通过促进中部六
省新型城镇化发展相关支持性政策的落地，能为我国新型城镇化进程提供坚实
基础。

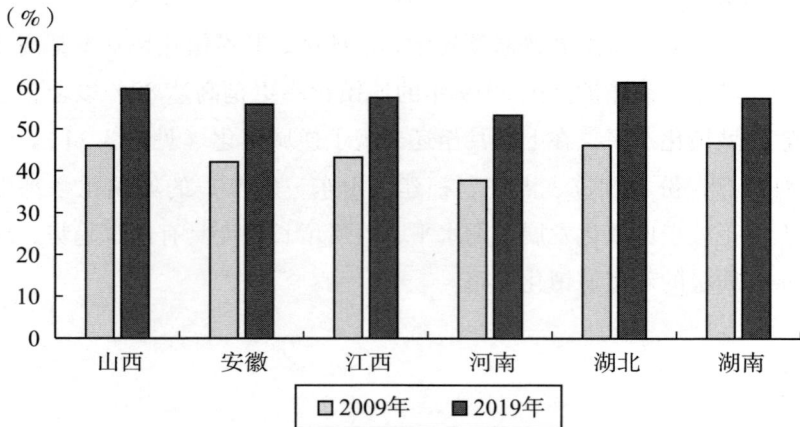

图 3.12　2009 年和 2019 年中部六省的城镇化率

资料来源：中经网统计数据库。

从图 3.13 可以看出，西部省（区、市）中除了重庆、内蒙古、宁夏的城
镇化率在 2019 年到达 60% 以上之外，其余各省（区）的城镇化率皆低于全国
平均水平。其中，西藏的城镇化率是全国最低的，2019 年仅为 32%，与最发
达的京津沪地区的差距很大。西部地区 2009 年常住人口为 36384.8 万人，非
农业人口为 14373.6 万人，平均城镇化率为 39%，到 2019 年常住人口达
38180.1 万人，非农业人口为 20642.2 万人，平均城镇化率为 53%，城镇化率
在 10 年间提高了约 14%。2019 年，西部地区的城镇化水平比全国平均水平低
约 8 个百分点，比中部地区低约 5 个百分点，比东部地区低约 19 个百分点。
这说明，西部地区这些年虽然城镇化发展较快，但与全国的差距仍然很明显。
西部很多省（区、市）与中部省份一样，经济发展较为落后，但地广人稀，
资源丰富，因此应该制定科学合理的城镇规划，促进西部地区城市发展，吸纳
更多的农村人口，加快新型城市化发展进程。

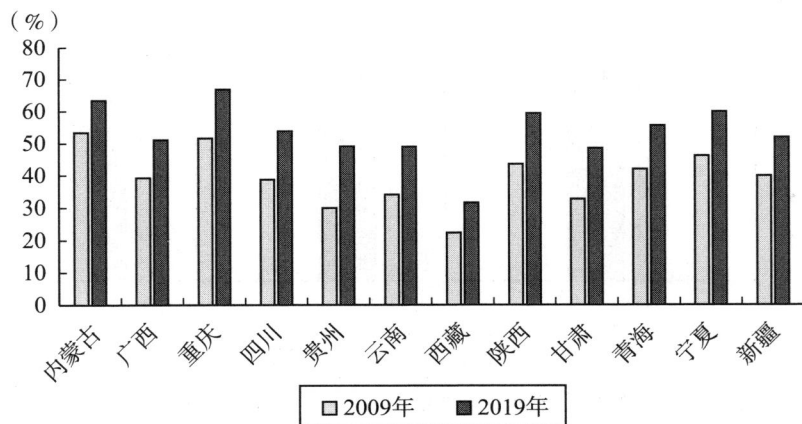

图 3.13　2009 年和 2019 年西部 12 省（区、市）的城镇化率

资料来源：中经网统计数据库。

东北地区的城镇化水平均高于全国平均水平。2009 年，东北地区的常住人口为 10906 万人，非农业人口为 6204 万人，平均城镇化率为 56%。2019年，东北地区的常住人口为 10793 万人，非农业人口为 6816 万人，平均城镇化率为 62%（见图 3.14）。东北地区的城镇化率与一些东部沿海省市相仿，其城镇化进程较其他地区起步早，但近年来城市化速度明显放缓。究其原因，是由于改革开放后东部地区开放加深且比较全面，使北方经济发展受到东部地区经济发展影响，此外东北地区劳动力外流明显，10 年间东北地区常住人口不仅未增长，反而还减少了 103 万人。东北地区正面临着改革和发展的双重困难，因此东北地区需走一条新型城镇化发展道路，促进产业结构调整，恢复东北地区的经济繁荣。

这种区域城镇化差距产生的部分原因是经济发展的差距。用皮尔森相关系数对人均 GDP 和城镇人口比重做简单的拟合，如图 3.15 所示。由该图可知，两者之间的相关性比较明显。

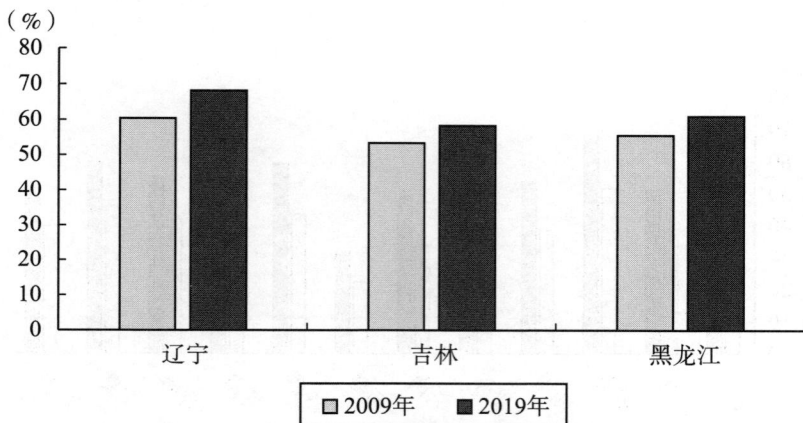

图 3.14　2009 年和 2019 年东北三省的城镇化率

资料来源：中经网统计数据库。

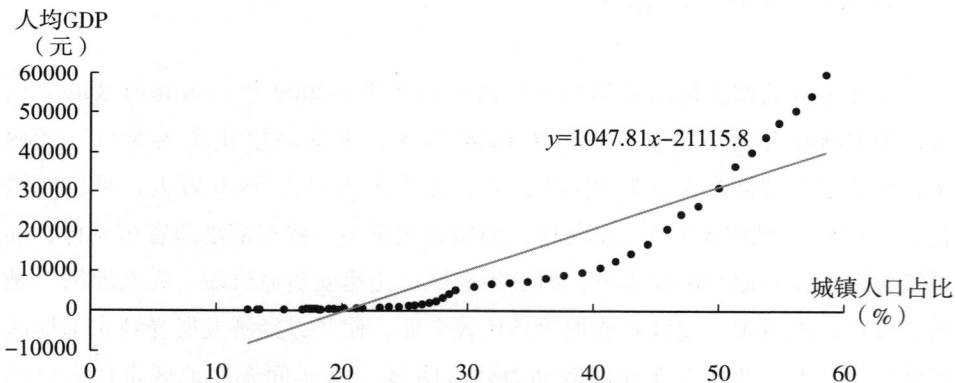

$$y=1047.81x-21115.8$$

图 3.15　城镇人口占比与人均 GDP 的皮尔森相关性

从图 3.16 可以看出，东部十省市中除了河北与海南，其余省市的人均 GDP 均高于全国水平。其中，北京、天津和上海的人均 GDP 在东部十省市中最高，分别于 2019 年达到了 164000 元、123607 元和 157300 元，这与城镇化率的情况吻合。其余几省的人均 GDP 也均在 4 万元以上，与城镇化水平相吻合，发展水平较高。虽然受全国经济增长速度放慢的影响，东部省市的经济增长速度与发展高速期相比有所放缓，但是增长势头仍不容小觑。为了更好地适应变幻莫测的国际形势，作为我国经济体量最大的东部地区也应及时创新，寻找新的经济增长动力。

（元）

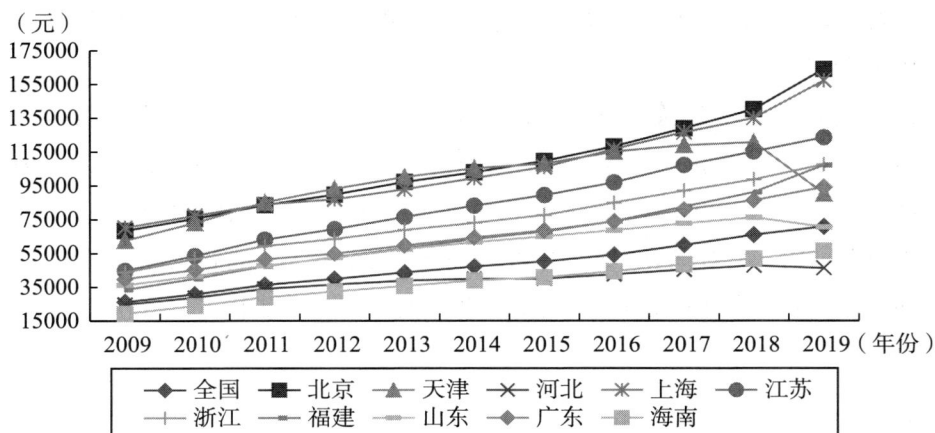

图 3.16　2009—2019 年东部十省市与全国人均 GDP

资料来源：中经网统计数据库。

　　图 3.17 描述的是中部六省与全国的人均 GDP。2019 年，除了湖北以人均 GDP 77387 元高于全国水平之外，其余省份的人均 GDP 均低于全国水平。从增长趋势来看，山西的人均 GDP 增长速度明显放缓，而其他几个省份未见疲态。因此，虽然中部省份的人均 GDP 排名靠前，但是仍有很大的生机，所以中部省份应该结合政府政策，努力发展优势产业，促进区域经济又好又快发展。

（元）

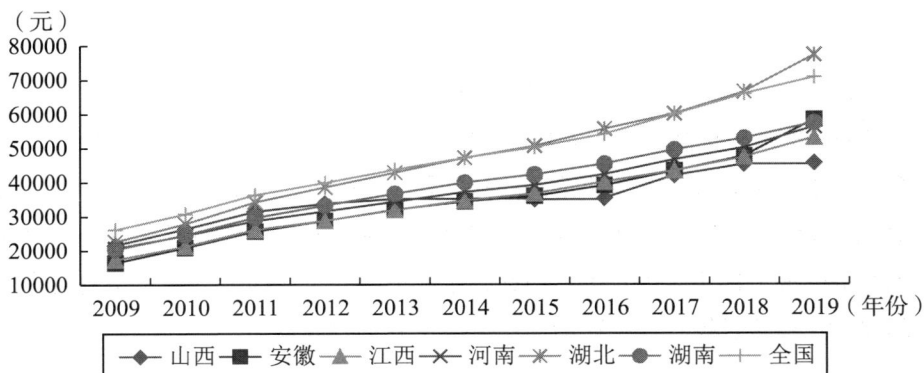

图 3.17　2009—2019 年中部六省与全国人均 GDP

资料来源：中经网统计数据库。

　　对比西部 12 省（区、市）与全国人均 GDP（见图 3.18），我们发现，2019 年除了重庆的人均 GDP（75828 元）高于全国水平外，其余 11 省（区）2019 年的人均 GDP 均低于全国水平。其中，内蒙古的人均 GDP 增长曲线明显变缓，甘肃与新疆也有明显变缓的趋势，其余几省（区、市）则无此趋势。西部省（区、市）与中部省份在人均 GDP 的变化方面有相似的地方，但因为地理位置不同，相对优势不同，因此西部地区在吸收其他省份的经济增长经验的同时，应充分发挥本地优势，紧跟政府西部大开发的步伐。

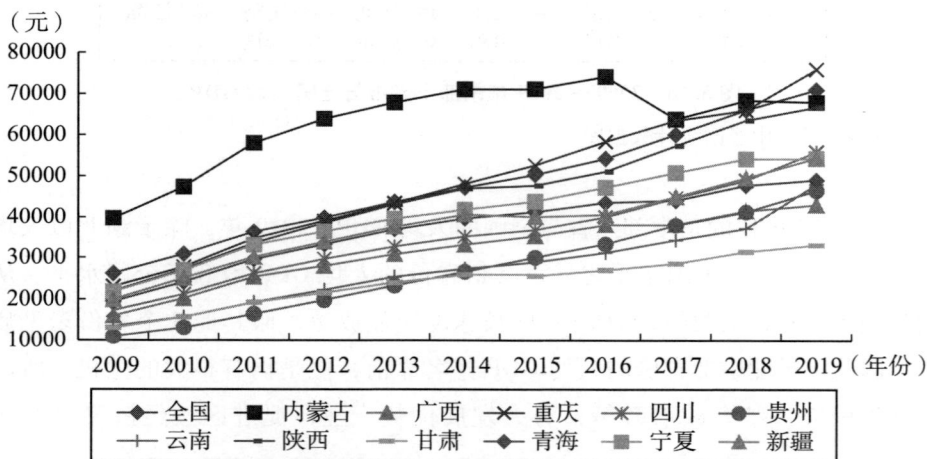

图 3.18　2009—2019 年西部 12 省（区、市）与全国人均 GDP

资料来源：中经网统计数据库。

　　东北三省的变化最为复杂，从图 3.19 可知，2016 年，除了吉林的人均GDP（53868 元）稍高于全国人均 GDP 水平（53680 元）之外，其余两省均低于全国水平。黑龙江的变化虽然较为平缓，但一直稳步上升。而辽宁的人均GDP 从 2015 年的 65354.41 元下降到 2016 年的 50791 元，甚至从以往的高于全国水平变成了低于全国水平。因此，东北三省在发展时应注重总结自身存在的问题，在继续发扬自身禀赋的基础上寻求新的发展动力。

（元）

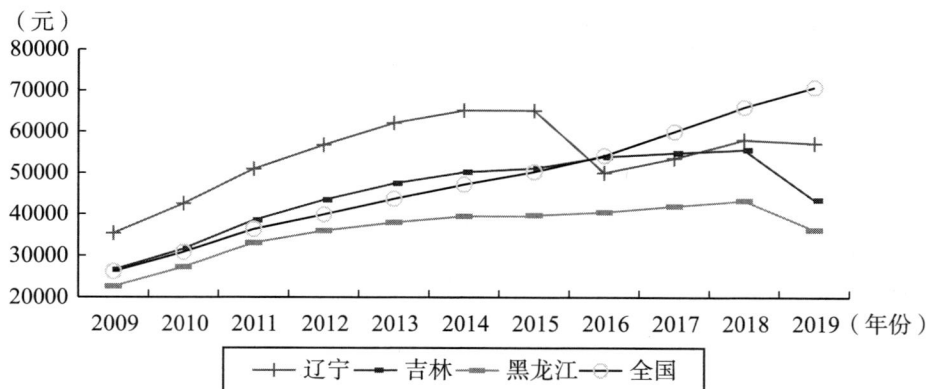

图 3.19　2009—2019 年东北三省与全国人均 GDP

资料来源：中经网统计数据库。

从以上分析可以看出，东部地区的发展要明显快于其他地区，并且发展质量也比其他地区要好；中部、西部地区的变化较为相似；东部地区由于其地理位置与政策因素，与其他地区有所区别且变化情况更为波折。由此可见，我国城镇化发展过程存在显著的地区差异。

四、城镇化质量有待提升

基于第二章构建的新型城镇化指标体系，本书对我国 2003—2016 年的各个指标进行了测算，最终得出人口城镇化指数、经济城镇化指数、社会城镇化指数、空间城镇化指数、生态城镇化指数，以及新型城镇化综合指数。为了解决各指标单位的不一致性，通过将原始数据减去平均值之后除以标准差进行了标准化处理，得出我国各地区新型城镇化指标体系，如表 3.5 至表 3.8 所示。

表 3.5 描述的是我国东部地区各省市的新型城镇化指标。从该表可以看出，东部作为我国经济发展最好的地区，在新型城镇化方面也有较大的进步。从整体来看，东部地区的经济城镇化、社会城镇化、空间城镇化从 2003 年到 2018 年都有提升，这充分说明东部地区城镇化发展不仅是快速的发展，而且是更注重高质量的发展。从东部地区各省市的情况来看，福建、广东、江苏表现出色，各指标均大幅提高，而且相对于其他一些省市更为突

出。但不能忽视的是，河北与海南在 2018 年时生态城镇化指标仍为负值，其他省市在部分指标方面的表现也不尽如人意，因此各省市在城镇化发展时应注重平衡发展。

表 3.5　　　　　　　　　　　　东部地区新型城镇化指标

省份	年份	人口城镇化	经济城镇化	社会城镇化	空间城镇化	生态城镇化	新型城镇化
总体	2003	1.1605	1.6481	2.2654	0.1358	1.9468	7.1566
	2018	1.0664	1.7630	2.4556	0.2253	-0.0032	5.5072
北京	2003	0.2348	0.5504	0.9297	0.0690	0.4456	2.2294
	2018	0.2885	0.4914	0.8065	-0.3125	0.1705	1.4445
福建	2003	0.0015	0.0336	0.0157	-0.0845	0.0713	0.0376
	2018	0.0465	0.1154	0.1474	0.0942	0.0381	0.4416
广东	2003	0.1820	0.1280	0.1245	-0.0717	0.1549	0.5178
	2018	0.1037	0.1145	0.1278	0.1160	0.3283	0.7903
海南	2003	0.0166	-0.0612	-0.1674	-0.2312	0.2401	-0.2031
	2018	-0.0322	-0.0693	-0.1704	-0.1425	-0.2422	-0.6566
河北	2003	-0.0099	-0.0548	-0.1098	-0.0584	0.0190	-0.2139
	2018	-0.0631	-0.1273	-0.0312	0.0182	0.0338	-0.1697
江苏	2003	0.0044	0.0736	0.0168	0.2056	0.1521	0.4524
	2018	0.0910	0.2670	0.3110	-0.0373	0.0714	0.7030
山东	2003	0.0050	-0.0009	0.0400	-0.1005	0.4789	0.4226
	2018	-0.0076	0.0432	0.1763	-0.1863	0.2709	0.2965
上海	2003	0.3468	0.5525	0.7612	0.3160	0.2453	2.2218
	2018	0.3075	0.4328	0.5114	0.3133	-0.3807	1.1843
天津	2003	0.2704	0.2735	0.4405	0.0751	0.0306	1.0901
	2018	0.2493	0.3167	0.1519	0.2622	-0.2985	0.6816
浙江	2003	0.1089	0.1534	0.2141	0.0165	0.1090	0.6019
	2018	0.0827	0.1787	0.4250	0.1000	0.0053	0.7917

资料来源：中经网统计数据库。

从表3.6可以看出，中部地区城镇化指标无论从整体还是各省份来看，表现都不如东部地区，虽然2018年新型城镇化指标仍为负值，但是相较于2003年有进步，从2003年的－2.1796上升到2018年的－1.1716，正在拉近与东部地区间的差距。其中，山西、安徽、江西、湖北等省份都有相应的提升，而江西的新型城镇化水平进步尤为明显，从2003年的－0.3045上升到2018年的－0.0024，已经接近正值。因此，虽然中部地区的城镇化率并没有东部地区高，但是差距正在缩小，在之后的发展中应该坚持新型城镇化政策，争取更上一层楼。

表3.6 中部地区新型城镇化指标

省份	年份	人口城镇化	经济城镇化	社会城镇化	空间城镇化	生态城镇化	新型城镇化
总体	2003	－ 0.4120	－ 0.5503	－ 0.7818	0.2562	－ 0.6917	－ 2.1796
	2018	－ 0.3955	－ 0.5763	－ 0.5889	0.7681	－ 0.3791	－ 1.1716
山西	2003	－ 0.0525	－ 0.0651	－ 0.0555	－ 0.0752	－ 0.1878	－ 0.4360
	2018	－ 0.0400	－ 0.1018	－ 0.0898	0.2157	－ 0.1012	－ 0.1172
安徽	2003	－ 0.0653	－ 0.1069	－ 0.2133	0.0367	－ 0.1593	－ 0.5081
	2018	－ 0.0834	－ 0.1298	－ 0.2017	0.0729	0.0630	－ 0.2790
江西	2003	－ 0.0867	－ 0.1181	－ 0.1891	0.2146	－ 0.1252	－ 0.3045
	2018	－ 0.0679	－ 0.1287	－ 0.2709	0.4033	0.0618	－ 0.0024
河南	2003	－ 0.0875	－ 0.1136	－ 0.1657	0.2331	－ 0.0498	－ 0.1835
	2018	－ 0.1183	－ 0.1143	－ 0.0887	0.1729	－ 0.0662	－ 0.2147
湖北	2003	－ 0.0297	－ 0.0671	－ 0.0197	－ 0.1416	－ 0.0593	－ 0.3174
	2018	－ 0.0179	－ 0.0182	0.1017	－ 0.0134	－ 0.1524	－ 0.1001
湖南	2003	－ 0.0904	－ 0.0795	－ 0.1385	－ 0.0114	－ 0.1103	－ 0.4301
	2018	－ 0.0679	－ 0.0835	－ 0.0394	－ 0.0834	－ 0.1841	－ 0.4583

资料来源：中经网统计数据库。

从表3.7可以看出，西部地区2018年的城镇化各项指标与东部和中部地区都相差很大，表现较差，仅在生态城镇化指标上由负转正，表明近15年间对生态环境保护的投入较大。除了重庆、内蒙古总体城镇化水平有所提升，其余省（区、市）均在下降。西部地区位于我国内陆，地理条件不够优越，如何带动经济发展、协调要素资源的配置、走好新型城镇化道路，仍值得我们探讨。同样存在地理位置问题的东北地区在新型城镇化指标方面的表现虽然比西部地区好，但从总体来看，情况也不尽如人意（见表3.8）。东北地区的新型城镇化从2003年的 −0.0353下降到2018年的 −0.8176，低于东部和中部地区的总体水平。东北三省新型城镇化指标均由正转负。因此，东北地区应多吸取其余地区的发展经验，因地制宜地走好东北地区的新型城镇化道路。

表3.7   西部地区新型城镇化指标

省份	年份	人口城镇化	经济城镇化	社会城镇化	空间城镇化	生态城镇化	新型城镇化
总体	2003	− 0.9200	− 1.0364	− 1.6566	− 0.2047	− 1.1156	− 4.9334
	2018	− 0.8981	− 1.1683	− 2.0141	− 0.5086	0.6173	− 3.9719
重庆	2003	− 0.0304	− 0.0524	− 0.1307	0.0342	− 0.2813	− 0.4607
	2018	0.0429	− 0.0094	− 0.0196	− 0.1489	0.2291	0.0942
云南	2003	− 0.1396	− 0.1361	− 0.2099	0.1947	0.1285	− 0.1624
	2018	− 0.1640	− 0.1728	− 0.2827	− 0.1307	− 0.1290	− 0.8791
新疆	2003	− 0.0840	− 0.1005	− 0.0735	− 0.1043	− 0.0042	− 0.3666
	2018	− 0.0345	− 0.1061	− 0.2388	− 0.0454	0.0351	− 0.3896
四川	2003	− 0.1053	− 0.1048	− 0.1382	− 0.3843	0.0538	− 0.6789
	2018	− 0.1116	− 0.1062	− 0.0794	− 0.0892	− 0.0485	− 0.4350
陕西	2003	− 0.0188	− 0.1335	− 0.1206	0.1590	− 0.1812	− 0.2951
	2018	− 0.0434	− 0.0399	− 0.0517	0.1591	− 0.1353	− 0.1111
青海	2003	− 0.0570	− 0.0745	− 0.1711	0.0412	− 0.0051	− 0.2665
	2018	− 0.1654	− 0.1256	− 0.1988	0.1586	− 0.1602	− 0.4914
宁夏	2003	− 0.0659	− 0.0328	− 0.1258	− 0.0392	− 0.1640	− 0.4278
	2018	− 0.0861	− 0.0829	− 0.4110	− 0.0425	0.4437	− 0.1788
内蒙古	2003	− 0.0101	− 0.0361	− 0.0137	− 0.1811	− 0.0672	− 0.3083
	2018	0.0103	− 0.0128	0.0879	− 0.1561	0.3199	0.2492
贵州	2003	− 0.1527	− 0.1679	− 0.2605	− 0.1734	− 0.0945	− 0.8490
	2018	− 0.1673	− 0.1560	− 0.3151	− 0.1298	0.1136	− 0.6546

续表

省份	年份	人口城镇化	经济城镇化	社会城镇化	空间城镇化	生态城镇化	新型城镇化
广西	2003	- 0.1221	- 0.1109	- 0.2325	- 0.0262	- 0.1434	- 0.6351
	2018	- 0.1357	- 0.1691	- 0.2297	- 0.0864	- 0.0407	- 0.6616
甘肃	2003	- 0.1340	- 0.0869	- 0.1800	0.2747	- 0.3569	- 0.4831
	2018	- 0.0434	- 0.1876	- 0.2753	0.0027	- 0.0105	- 0.5140

资料来源：中经网统计数据库。

表 3.8　　　　　　　　　　　东北地区新型城镇化指标

省份	年份	人口城镇化	经济城镇化	社会城镇化	空间城镇化	生态城镇化	新型城镇化
总体	2003	0.1730	- 0.0615	0.1796	- 0.1878	- 0.1386	- 0.0353
	2018	0.0028	- 0.2445	0.1448	- 0.4871	- 0.2336	- 0.8176
辽宁	2003	0.0871	0.0445	0.1382	- 0.1380	- 0.0074	0.1244
	2018	0.0733	- 0.0438	0.1385	- 0.1940	- 0.1147	- 0.1406
吉林	2003	0.0400	- 0.0620	0.0704	- 0.1355	- 0.1088	- 0.1959
	2018	- 0.0503	- 0.0828	0.0625	- 0.1595	- 0.0225	- 0.2525
黑龙江	2003	0.0459	- 0.0440	- 0.0290	0.0856	- 0.0223	0.0361
	2018	- 0.0202	- 0.1179	- 0.0562	- 0.1337	- 0.0964	- 0.4244

资料来源：中经网统计数据库。

通过对 283 个地级市的人口城镇化指标进行计算后发现，总体上人口城镇化指标在 2003—2018 年呈增加的趋势，这说明我国城镇化率逐年递增。东部地区城市平均人口城镇化指标值为 0.1113，高于中部地区、东北地区与西部地区，这也说明经济发展好的地区的城镇化率与非农业人口占比高于经济落后地区。经济城镇化指标受人均地区产值和第三产业占 GDP 的比重影响，指标数值高于 0.04 的都是一些经济发达的地区。东部地区的经济城镇化均值也高于其他地区。由于中部地区人口众多、经济落后，因此指标值偏低。经济城镇化指标从经济的角度反映出我国东、中、西部地区和东北地区区域经济发展不均衡，从而导致城镇化进程的差异。越是经济发达的地区，城镇化率越高。社会城镇化指标主要由人均社会消费品总额和千人拥有医生数来衡量。经济发展较好的东部地区无论是人均社会消费总额还是千人拥有医生数都高于其他地区，这说明随着城镇化进程，人们的生活水平提高。东部地区和中部地区平均城镇化指标都为 0.23，而东北地区的平均城镇化指标为 0.089。因此，社会城镇化指标也能很好地衡量城镇化率带来的生活水平差异。

空间城镇化指标的衡量因素为人口密度与人均城市道路面积。东部地区聚集了众多人口，道路等基础设施完善，因此平均空间城镇化指标为 0.48；中部地区平均城市道路面积较其他地区低，表明需进一步完善中部地区的基础设施；而东北地区与西部地区相对而言地广人稀，人口密度相对较低，劳动力流失大，城市对农村人口的吸纳能力不强。生态城镇化指标的主要衡量因素为城市污水排放量与人均绿地面积。新型城镇化发展不是一味地增加城市人口，而是城市在吸纳农村人口的同时要达到绿色健康、持续发展的目的。从全国主要地级市的数据可以看出，2003—2018 年生态城镇化指标值不断上升，绿色健康、可持续发展的理念一直贯彻在经济发展中。

新型城镇化综合指数较为全面地衡量了新型城镇化的发展程度。2003—2018 年，由样本中的 283 个地级市的数据得出的新型城镇化综合指数大体都呈上升趋势，这说明我国在经济发展的同时，城镇化率不断提高，相应的基础设施建设不断完善，人民的生活水平与医疗救助得到了很大的改善。探索高质量的新型城镇化道路是我国在现阶段推进城镇化进程的关键。新型城镇化综合指标与我国的城镇化率的变化趋势基本一致，但能更好地反映城镇化发展的质量，同时也反映出我国现阶段城镇化发展水平失衡，比如东部地区与其他地区差距较大，导致其人口吸纳能力不够。此外，在新型城镇化发展进程中，资源消耗与环境保护的压力不断加大，可持续发展、绿色健康的理念贯彻得不够彻底；基础设施仍然不够完善，第三产业发展规模仍然不能满足当今的需求，产业结构需优化升级，并提升各部门的工作效率。

第三节 生产性服务业与城镇发展收敛性判断

一、我国城镇发展的收敛性

我国国土面积广阔，地理环境差异明显，各地发展的历史条件不同。受地理禀赋与历史条件等因素的影响，各地发展水平参差不齐，因此每个城市的城镇发展也呈现出显著差异。要探索缩小城镇化发展差异、城镇均衡发展之路，首先要把握各区域城镇发展差异有多大，以及趋势是什么。为判断我国城镇发展趋势是收敛还是发散，采用 β 收敛系数进行测度。β 收敛系数概念由巴罗（1984）、鲍默尔（1986）、迪朗（1988）等人在研究国别发展差异，探索穷国是否能赶上富国发展水平时提出。他们指出，穷国要赶上富国，其增长必须更快，并采用穷国人均产出或人均收入的发展速度进行衡量。如果穷国的发展速度超过富国，即存在收敛。计算公式如下：

$$\log(y_{it}/y_{i,t-1}) = \alpha - (1 - e^{-\beta}) \times \log(y_{i,t-1}) + u_{i,t} \tag{3.5}$$

其中，t 表示年，i 表示省份，y_{it} 为第 t 期 i 省的人均收入，$y_{i,t-1}$ 为第 $t-1$ 期 i 省的人均收入。当 $\beta > 0$ 时，呈收敛状态；当 $\beta < 0$ 时，呈发散状态；当 $\beta = 0$ 时，则无收敛性。由我国各省（区、市）的市级数据可计算得各省（区、市）各年的 β 收敛系数（见图3.20）。

如图3.20所示，东北三省2004—2018年总体 β 收敛系数呈现波浪式变动，增减交替。吉林与辽宁的收敛系数大体相当，但在2016年，辽宁的收敛系数突增到0.16，远高于其他两省，这可能与2016年国家政策扶持相关，使辽宁省内收敛速度急剧上升，发展差异性减小。黑龙江的收敛速度一直高于其他两省，而且分别在2005年、2014年与吉林、辽宁拉开约6个百分点，可见黑龙江的发展差异与其他两省相比较小。

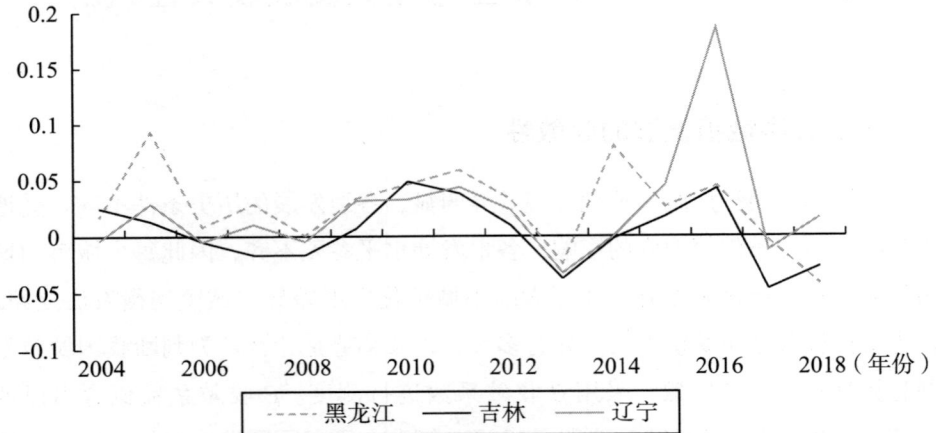

图 3.20 2004—2018 年东北地区 β 收敛系数分布情况

资料来源：中经网统计数据库。

由图 3.21 可知，北京的 β 收敛系数在 14 年间波动幅度较大，2004 年为 −0.15，是所有东部省市中最小，且为负值，说明此时呈发散状态。此后，β 收敛系数由负转正，并在 2016 年达到最大值 0.24，这表明北京市内部的发展差异在不断缩小。其他 7 个省市中除海南和广东的 β 值波动幅度略大外，其余省市的收敛情况相对稳定。在 2016 年以后，东部各省市收敛速度均有所上升，但相差不大。总体来说，东部地区各城市之间的发展差距在不断缩小。

从图 3.22 可以看出，中部地区省份的 β 收敛系数均小于 0.12，且发展趋势趋同，收敛速度较东部省市略低，但省份之间的发展速度差距在缩小。在 2018 年，除江西的 β 收敛系数为负值，呈发散状态以外，其余省份均呈收敛状态。各城市在 14 年间的 β 收敛系数略有波动，但最大不超过 0.12，最小不低于 −0.04。因此，中部地区城市之间的发展较为均衡，既不过度集聚，也不过度发散。

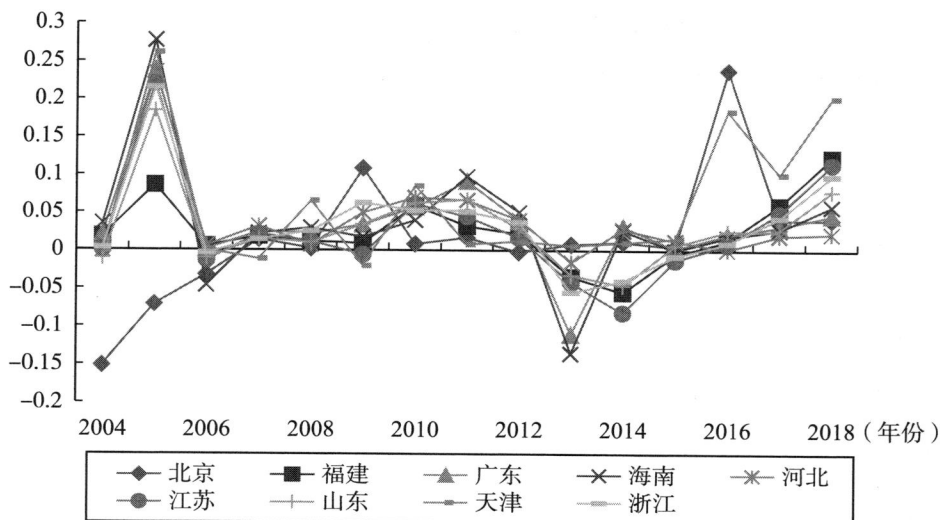

图 3.21 2004—2018 年东部地区 β 收敛系数分布情况

资料来源：中经网统计数据库。

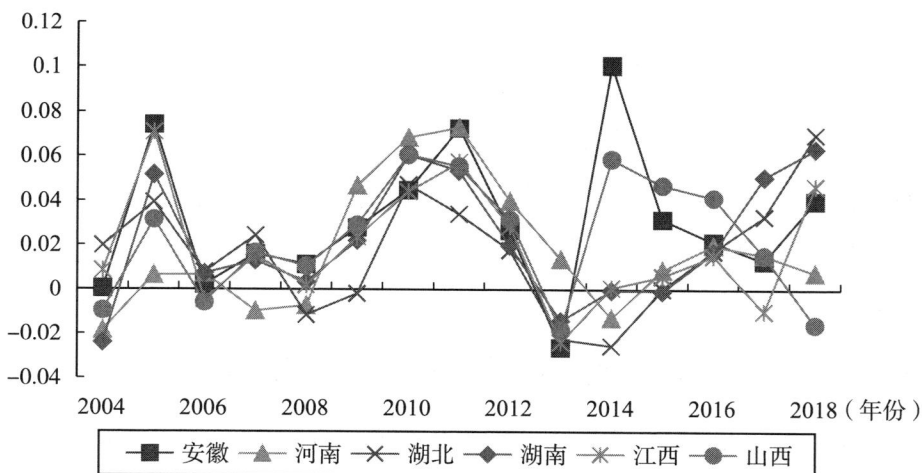

图 3.22 2004—2018 年中部地区 β 收敛系数分布情况

资料来源：中经网统计数据库。

从图 3.23 可以看出，西部地区各省（区、市）的发展较为发散，也就是说，它们之间的发展速度差距在扩大。除了重庆的发展速度呈收敛状态以外，其他省（区）均在收敛与发散之间变动。我国西部地区地处内陆，经济发展水平较差，如何缩小西部地区与东部和中部地区，以及西部地区内部的差异，消除这种不均衡、不充分发展，急需进一步的研究。

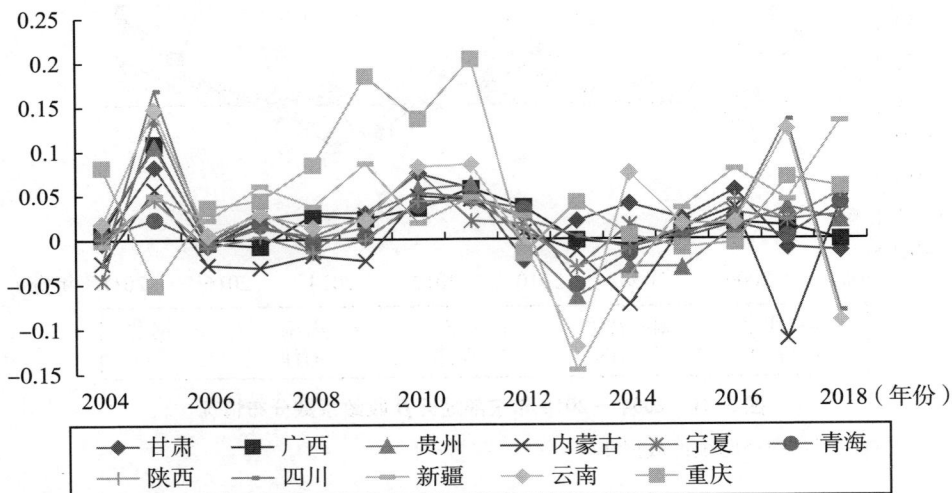

图3.23   2004—2018 年西部地区 β 收敛系数分布情况

资料来源：中经网统计数据库。

总体而言，我国各地区之间的收敛系数差距很大，尤其是东部地区与西部地区之间，要想经济长久且高质量发展下去，各地区之间的均衡发展是必要的，因此必须找出一条适合我国的城镇发展道路。以下将根据各省（区、市）的数据，对 β 收敛系数的影响因素进行回归分析。

二、生产性服务业与城镇发展收敛判断：变量及计量方法

本书选取各省（区、市）生产性服务业增加值、第二产业增加值、一般预算支出作为自变量，以 β 收敛系数为因变量，采用面板计量模型分析我国生产性服务业对城镇发展收敛状况的影响。其中，生产性服务业包括科学研究、技术服务和地质勘查业，交通运输、仓储和邮政业，信息传输、计算机服务和软件业，金融业，水利、环境和公共设施管理业，租赁和商业服务业，批发和零售业。面板计量模型能同时测度变量在时间和截面两个维度的变化，以及不同单元的特性。对我国 31 个省（区、市）的数据进行对数处理之后，可得到

描述性统计如表 3.9 所示。

表 3.9　　　　　　收敛系数、生产性服务业、第二产业增加值、
一般预算支出的描述性统计

变量	样本数	均值	方差	最小值	最大值
LNS	377	-3.8047	1.5631	-11.1981	-0.4473
LNPRO	377	12.5183	1.4206	8.6588	15.9372
LNIND	377	12.6529	1.5904	7.2672	16.6034
LNDOL	377	15.4338	1.4314	10.8317	18.4580

LNS 表示 β 收敛系数，对此变量在上一节已有详细描述，在此不做赘述。$LNPRO$ 表示生产性服务业增加值，$LNIND$ 表示第二产业增加值，$LNDOL$ 表示一般预算支出。从表 3.9 可以看出，自变量的方差均较为稳定，其中最小值是生产性服务业增加值，为 1.4206；最大值是第二产业增加值，为 1.5904。生产性服务业与一般预算支出的均值也较为相似，分别为 12.5183 与 12.6529；一般预算支出的均值也与其相差不大，为 15.4338。模型设立如下：

$$LNS_{it} = \alpha_{it} + \beta_{it}LNPRO_{it} + \gamma_{it}LNIND_{it} + \eta_{it}LNDOL_{it} + \mu_{it} \qquad (3.6)$$

其中，α_{it} 是常数项，与各变量前的参数 β_{it}、γ_{it}、η_{it} 一样，包含了时间和截面效应；α_{it} 还可分成总体效应和个体效应，μ_{it} 为随机扰动项；LNS_{it}、$LNPRO_{it}$、$LNIND_{it}$、$LNDOL_{it}$ 分别是 β 收敛系数、生产性服务业增加值、第二产业增加值、一般预算支出等变量的对数，i 代表省份，t 代表年份。

三、收敛的相关性结果

本书基于 Stata15 计量软件，对生产性服务业、城镇化等指标的面板数据进行了固定效应与随机效应分析，结果如表 3.10 所示。

从回归结果能够看出，模型的回归系数最大值为 0.0379，模型的拟合效果不好。但是，从几次回归结果以及固定效应与随机效应的结果可以看出，生产性服务业增加值对 β 收敛系数呈负面影响，而第二产业增加值和一般预算支出与 β 收敛系数正向相关，即生产性服务业会造成城市发展速度差距变大，而第二产业增加值和一般预算能缩小城镇发展速度差异。回归结果在一定程度上

表明了生产性服务业与城镇化之间存在联系。为判断这种联系的因果性，采用格兰杰因果检验做进一步的检验。

表 3. 10　　　　　　　　　　生产性服务业与城镇化收敛性回归结果

变量	模型（1）		模型（2）		模型（3）	
	固定效应	随机效应	固定效应	随机效应	固定效应	随机效应
截距	− 0. 6212 （ − 0. 53）	− 2. 7034 *** （ − 3. 80）	− 2. 3748 * （ − 1. 84）	− 3. 0900 *** （ − 4. 36）	− 3. 6816 ** （ − 2. 05）	− 3. 4002 *** （ − 3. 94）
LNPRO	− 0. 2543 *** （ − 2. 74）	− 0. 0879 （ − 1. 56）	− 0. 4500 *** （ − 3. 99）	− 0. 3550 *** （ − 3. 75）	− 0. 5526 *** （ − 3. 70）	− 0. 4041 *** （ − 3. 29）
LNIND			0. 3322 *** （2. 97）	0. 2947 *** （3. 49）	0. 3286 （2. 94）	0. 2746 *** （3. 04）
LNDOL					0. 1708 ** （1. 05）	0. 0764 （0. 63）
R^2	0. 0064		0. 0363		0. 0379	
F 检验	P = 0. 0064		P = 0. 0003		P = 0. 0006	

注：* 表示在 10% 的水平上显著，** 表示在 5% 的水平上显著，*** 表示在 1% 的水平上显著。

格兰杰因果检验方法由格兰杰（Clive W. J. Granger，2003）开创，主要用于分析经济变量之间的格兰杰因果关系。这种关系是依赖于使用过去某些时点上所有信息的最佳最小二乘预测的方差，其统计学本质上是对平稳时间序列数据的一种预测，仅适用于计量经济学的变量预测。为检验自变量生产性服务业增加值、第二产业增加值、一般预算支出与因变量 β 收敛系数之间的因果关系，采取格兰杰因果关系检验进行分析。

从表 3. 11 中可以看出，在一阶滞后中，3 个变量的格兰杰因果分析的结果在 5% 的显著水平下，拒绝原假设一、原假设二，不应拒绝原假设三，故生产性服务业增加值、第二产业增加值是 β 收敛系数的格兰杰因，一般预算支出不是 β 收敛系数的格兰杰因。也就是说，从目前的数据来看，生产性服务业和第二产业的发展能对城镇发展的收敛速度产生影响。

表 3.11　　　　　　　　　　滞后一阶格兰杰因果关系检验结果

原假设	样本	F - 统计量	伴随概率
LNPRO 不是 *LNS* 的格兰杰因	29	13.29	0.0011
LNIND 不是 *LNS* 的格兰杰因	29	6.00	0.0208
LNDOL 不是 *LNS* 的格兰杰因	29	3.60	0.0683

　　如表 3.12、表 3.13 所示，当取 *LNDOL* 最大滞后期数 $k=2$ 时，拒绝原假设 "*LNDOL* 不是 *LNS* 的格兰杰因" 犯第一类错误的概率高达 0.5228；当取 *LNDOL* 最大滞后期数 $k=3$ 时，拒绝原假设 "*LNDOL* 不是 *LNS* 的格兰杰因" 犯第一类错误的概率仅为 0.0035。所以，在三阶滞后中，一般预算支出确实是 β 收敛系数的格兰杰因。因此，根据格兰杰因果检验与回归结果，我们可以得出生产性服务业增加值会使城镇经济发展发散，而第二产业增加值、一般预算支出对城市经济增长起收敛作用。

表 3.12　　　　　　　　　　滞后二阶格兰杰因果关系检验结果

原假设	样本	F - 统计量	伴随概率
LNDOL 不是 *LNS* 的格兰杰因	29	0.42	0.5228

表 3.13　　　　　　　　　　滞后三阶格兰杰因果关系检验结果

原假设	样本	F - 统计量	伴随概率
LNDOL 不是 *LNS* 的格兰杰因	29	10.18	0.0035

　　由以上分析结果，我们能得出一个基本结论：生产性服务业发展具有诸如虹吸效应等作用，导致优质要素及产业进一步集聚在中心城市，使中心城市与周边城市在发展速度方面的差距越来越大。因此，为引导及控制虹吸效应现象对次级城镇发展的伤害，政府有必要考虑制定相关政策来发挥生产性服务业的作用，以促进各级城镇之间的协调发展。

第四章　生产性服务业对新型城镇化影响的测度

第一节　问题提出

新中国成立以来，我国城镇化发展历程曲折。据《中国统计年鉴》的数据显示，自新中国成立以来，以人口城镇化率衡量，我国城镇化进程可分为四个发展阶段（见图4.1）。①1949—1960年缓慢增长阶段。这一阶段我国处于国民经济恢复期，工农业稳步发展，进行了大规模的工业化和城镇化建设，城镇化率从10%上升到19%。②1961—1978年发展停滞阶段。由于受"大跃进"和特殊时期国家政策影响，城镇化发展基本处于停滞状态，城镇化率长期徘徊在17%左右。③1979—2002年重新起步阶段。改革开放后，我国经济快速发展，大量农村闲置劳动力涌入城市，促进了城镇化水平的发展，城镇化率从19%提高到39%。④2003—2018年快速发展阶段。加入世贸组织后，我国经济插上了腾飞的翅膀，城镇化率从2003年的40%增长到2018年的59.58%。在城镇化发展高速增长的同时，城镇化发展质量问题也越来越受到关注，我国城市化进入了新的阶段。

另外，从近20年城镇人口增长指数来看，年均增长率在10%左右，环比增长速度较快，且较为稳定，基本与经济增长速度保持一致（见图4.2）。但从总体上看，相对于我国的经济增长速度及体量在世界经济发展中的地位，我国城镇化发展落后于经济发展。从世界范围横向比较来看，我国的城镇化水平较发达国家平均水平而言，仍然有很大的进步空间。从区域范围看，我国区域城镇发展差异较大，2018年全国31个省级行政区的城镇化率显示（见图4.3和表4.1），有13个省份的城镇化率超过60%，17个省份的城镇化率为35%～60%。东部地区及各大核心城市的城镇化率很高，其中上海的城镇化率达到88.1%，排名第一；西部经济欠发达地区的城镇化率不尽如人意，特别是云南、西藏等西部省（区）的城镇化率最低，其中西藏城镇化率只有31%左右。相对来说，东部地区比中部和西部地区的城镇化率更高。总体上，我国城镇化率还比较低，而且各区域城镇化差异较大。

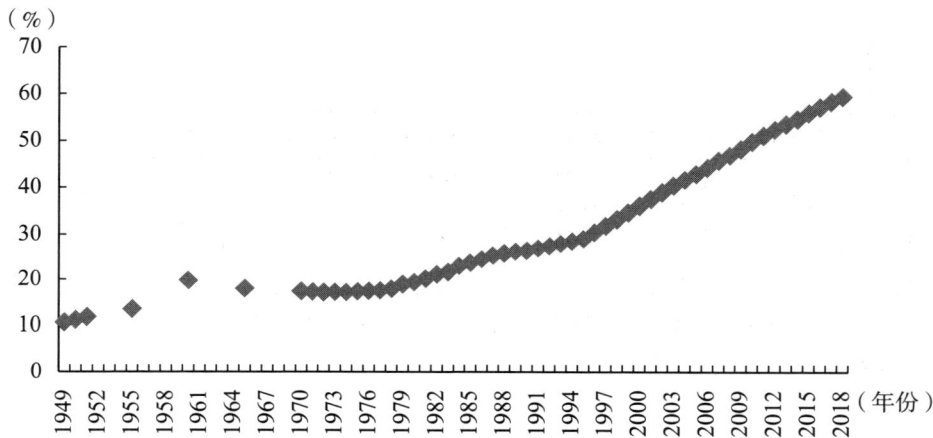

（%）

图4.1　1949—2018年我国人口城镇化率

资料来源：《中国统计年鉴》。

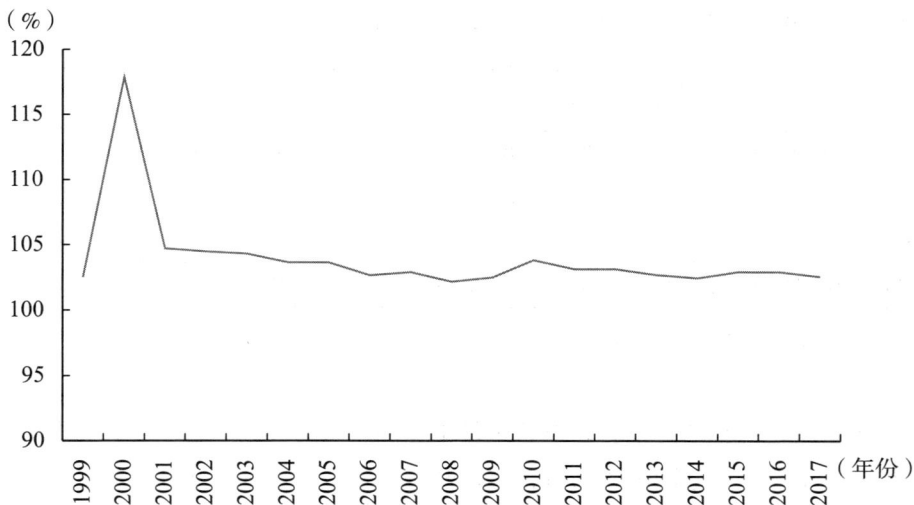

（%）

图4.2　1999—2018年我国城镇人口增长指数（环比）

资料来源：《中国统计年鉴》。

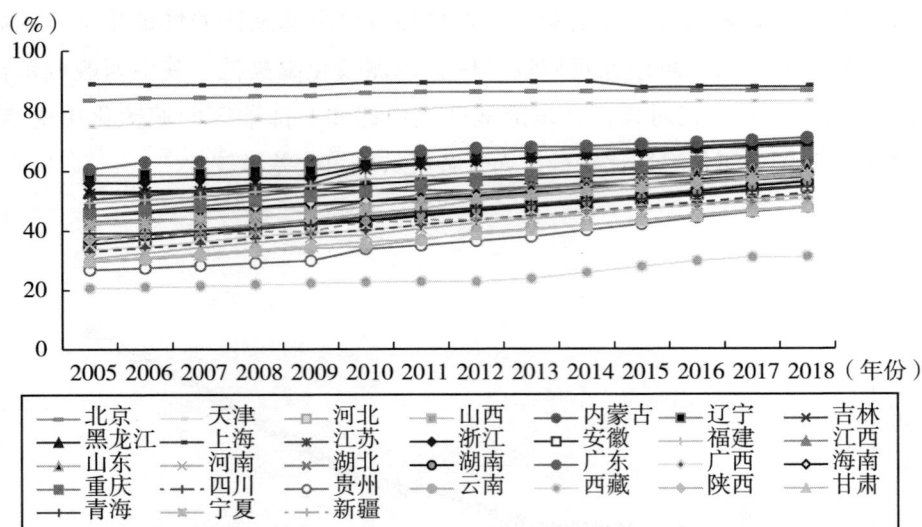

图 4.3　2005—2018 年我国各省（区、市）的人口城镇化率

资料来源：《中国统计年鉴》。

表 4.1　　　　　　　**2005 年和 2018 年各省（区、市）的人口城镇化率**　　　单位：%

年份	北京	天津	河北	山西	内蒙古	辽宁	吉林	黑龙江	上海	江苏	浙江
2005	83	75	37	42	47	58	52	53	89	50	56
2018	86.50	82.93	—	57.34	62.02	67.49	56.65	59.40	87.70	68.76	68.00
年份	安徽	福建	江西	山东	河南	湖北	湖南	广东	广西	海南	重庆
2005	35	49	37	45	30	43	37	60	33	45	45
2018	53.49	64.80	54.60	60.58	50.16	59.30	54.64	69.85	49.21	58.04	64.08
年份	四川	贵州	云南	西藏	陕西	甘肃	青海	宁夏	新疆	全国	
2005	33	26	29	20	37	30	39	42	37	43	
2018	50.79	46.02	46.69	30.89	56.79	46.39	53.07	57.89	49.38	59.58	

资料来源：《中国统计年鉴》。

　　城镇发展的驱动力很多，但其中最重要的驱动力与第二和第三产业发展紧密相关。从发达国家的经验来看，生产性服务业的发展能够加快城镇化步伐。

　　首先，生产性服务业在一定区域的发展最直接的体现是生产性服务业从业人员在一定区域集聚，而从业人员的集聚又导致其亲人，以及与生活切身相关的服务业从业者聚集在相近的区域范围内，从而使当地劳动力增加、人口规模扩大。这就具备了城镇化发展的基本条件。此外，生产性服务业是知识密集型产业，其从业人员的聚集必然是高技能、高科技人才的集聚，这对城镇居民素质的提升和城市产业的升级都有着显著作用，对人口城镇化进程产生显著的推进作用；与此同时，高素质人才的涌入和聚集必然会带动一批人生活方式和生活理念的转变，从而直接推动城镇化进程。

其次，生产性服务业的发展还会带来资本的集聚。城镇化发展本身就是各种生产要素的集中，这会降低各生产要素的成本，而资本本身的逐利性会使资本涌向生产性服务业快速发展的区域。资本的高度集中和高效利用是城镇化快速发展的必要条件。没有资本的助力，很难有良好的基础设施，而没有完善的硬件设施，城镇化的质量就难以保证，新型城镇化就难以实现。生产性服务业作为资本密集型产业，所需要的投资数额巨大，如金融、信息技术、交通等产业对注册资本要求很高。生产性服务业具有良好的预期前景，有助于吸引外部投资，弥补当地资金的不足，为当地经济发展注入新的活力，对城镇经济发展产生积极影响。

再次，生产性服务业的集聚会使土地资源得以集约利用。城镇面积的不断扩大是新型城镇化的重要内容之一。土地作为重要的生产要素，通过改变土地利用方式来提高土地利用效率，使其在新型城镇化过程中扮演重要角色。交通运输、仓储物流、房地产等行业需要较大面积的土地来提供专业化服务，出于对土地成本和运输成本的考虑，这些行业会选择租金较低的城乡结合部作为经营场所。金融业以及信息产业由于服务范围大、辐射范围广、附加值高等因素，会选择市中心作为活动场所。生产性服务业的发展可以促进城镇土地资源的合理高效利用，推进城镇化的进程。

本书根据各年统计年鉴的数据计算得出，我国生产性服务业近年来发展迅速，产值从 2005 年的 5 万多亿元增长到 2017 年的 16 万亿元，平均年增长率达到15%，远超过 GDP 增长率。生产性服务业发展对城镇化起多大的作用？具体怎样衡量？尤其是生产性服务业对城镇化的促进作用同工业等因素相比有什么区别？这些问题需要通过对各省（区、市）生产性服务业对城镇化促进作用进行实证分析来加以判断。

第二节　变量及计量方法选取

　　理论上，生产性服务业有助于加快城镇化进程，城镇化发展有利于生产性服务业的发展，而工业化在城镇化进程中的作用同样不容忽视。同时，经济增长也能带动城镇化发展。考虑到我国各地城镇化发展差异较大，且具有不同的特点，区域影响也不容忽视。也就是说，生产性服务业的发展、工业化水平、GDP 增长水平都会影响城镇化的发展。所以，本书选取各省（区、市）生产性服务业、工业增加值、地区生产总值作为自变量，以城镇化率为因变量，采用面板计量模型，对我国城镇化发展状况进行分析。其中，生产性服务业包括邮政仓储业、金融服务业、房地产业以及第三产业的其他行业（包括会计、咨询、研发、法律等）。

　　面板计量模型能同时测度变量在时间和截面两个维度的变化，以及不同单元的特性。模型设立如下：

$$LNURBAN_{it} = \alpha_{it} + \beta_{it}LNPRO_{it} + \gamma_{it}LNIND_{it} + \eta_{it}LNGDP_{it} + \mu_{it} \qquad (4.1)$$

　　其中，α_{it} 是常数项，与各变量前的参数 β_{it}、γ_{it}、η_{it} 一样，包含了时间和截面效应；α_{it} 还可分成总体效应和个体效应，μ_{it} 为随机扰动项；$LNURBAN_{it}$、$LNPRO_{it}$、$LNIND_{it}$、$LNGDP_{it}$ 分别是城镇化率、生产性服务业增加值、工业增加值和 GDP 增长率等变量的对数，i 代表省份，t 代表时间。

　　固定效应模型适用于以样本自身效应为条件进行分析，而随机效应模型可以以样本对总体效应进行推论。本书分别用两种模型进行比较，旨在分析各变量的总体效应的同时，分析各样本的自身效应。

第三节　计量结果

　　因为我国的区域差异性，东部地区的城镇化水平和生产性服务业发展水平均高于中部和西部地区，所以，在计量过程中，本书对样本进行了分组处理，即分别对全国、东部地区、中部地区、西部地区进行回归分析。

　　表 4.2 是以全国数据回归得到的结论。数据显示，如果不控制其他变量，生产性服务业与城镇化之间存在比较明显的相关性，但在控制了工业产值以及 GDP 等变量后，生产性服务业对城镇化的促进作用急剧下降，即生产性服务业变动 1 个百分点，导致城镇化变动的百分比从 0.15% 减少到 0.03%。但总体来看，我国生产性服务业与城镇化之间存在正向相关性。工业对城镇化的影响超过了其他因素。从 Hausman 检验结果以及调整后的 R^2 来看，随机效应模型的解释力相对较弱，随机效应与解释变量无关。全国截面随机成分方差占比达到 97%，所以随机变动主要由各省（区、市）之间的差异导致。

　　从东部地区各省市的数据回归结论来看（见表 4.3），与全国情况相比，生产性服务业、GDP 与城镇化之间存在轻微的负向关系。工业增长 1%，城镇化因此上升 0.15%。

表 4.2　　　　　　　　　　　　　全国数据回归结果

变量	模型（1）		模型（2）		模型（3）	
	固定效应	随机效应	固定效应	随机效应	固定效应	随机效应
截距	2.6442 *** (48.1410)	2.6440 *** (38.4357)	2.6253 *** (51.4592)	2.6305 *** (39.7080)	2.5116 *** (25.9474)	2.5258 *** (24.0290)
LNPRO	0.1564 *** (21.9567)	0.1564 *** (22.2487)	0.0220 (0.9466)	0.0318 (1.4037)	0.0279 (1.1818)	0.0371 (1.6105)
LNIND			0.1321 *** (6.0279)	0.1220 *** (5.7456)	0.1325 *** (6.0594)	0.1224 *** (5.7705)
LNGDP					0.0260 (1.3801)	0.0241 (1.2860)
R^2	0.9805	0.6689	0.9834	0.7110	0.9835	0.7138
F 检验	P = 0.0000		P = 0.0000		P = 0.0000	
Hausman 检验	P = 0.9784		P = 0.1734		P = 0.2969	
估计方法	REM		REM		REM	

　　注：括号内为 t 统计量。*** 表示在 1% 的水平上显著。

表 4.3   东部地区回归结果

变量	模型 （1）		模型 （2）		模型 （3）	
	固定效应	随机效应	固定效应	随机效应	固定效应	随机效应
截距	3.1106 *** (35.6064)	3.1183 *** (27.6637)	2.8392 *** (22.7134)	2.9702 *** (22.2858)	2.8413 *** (12.2877)	3.0563 *** (13.5583)
LNPRO	0.1171 *** (11.2534)	0.1162 *** (11.2471)	−0.0077 (10.742)	0.0451 (11.192)	−0.0077 (10.732)	0.04578 (11.159)
LNIND			0.1527 *** (2.9129)	0.0862 * (1.8150)	0.1526 *** (2.8546)	0.0794 * (5.7705)
LNGDP					−0.0003 (10.006)	−0.0134 (4.204)
R²	0.9770	0.5966	0.9794	0.6071	0.9794	0.6038
F 检验	P = 0.0000		P = 0.0000		P = 0.0000	
Hausman 检验	P = 0.4622		P = 0.0109		P = 0.0118	
估计 方法	REM		FEM		FEM	

注：括号内为 t 统计量。* 表示在 10% 的水平上显著，*** 表示在 1% 的水平上显著。

相对于全国情况，中部地区的生产性服务业对城镇化的影响更大（见表 4.4）。生产性服务业增长 1%，城镇化将提高 0.05%。尤其是，工业对城镇化的边际效应为 0.12，可以认为，在中部地区，工业对城镇化的影响相对突出。

表 4.4   中部地区回归结果

变量	模型 （1）		模型 （2）		模型 （3）	
	固定效应	随机效应	固定效应	随机效应	固定效应	随机效应
截距	2.4092 *** (23.7231)	2.4345 *** (22.0405)	2.5107 *** (24.6065)	2.5292 *** (22.7670)	2.3644 *** (14.2322)	2.3976 *** (13.9057)
LNPRO	0.1781 *** (13.7615)	0.1749 *** (13.5666)	0.0442 (0.9086)	0.0436 (0.9109)	0.0456 (0.9395)	0.0448 (0.9337)
LNIND			0.1136 *** (2.8428)	0.1119 *** (2.8415)	0.1199 *** (2.9773)	0.1179 *** (2.9613)
LNGDP					0.0330 (1.1142)	0.0292 (0.9855)

续表

变量	模型（1）		模型（2）		模型（3）	
	固定效应	随机效应	固定效应	随机效应	固定效应	随机效应
R^2	0.9478	0.7279	0.9546	0.7633	0.9556	0.7729
F 检验	P = 0.0000		P = 0.0000		P = 0.0000	
Hausman 检验	P = 0.0052		P = 0.0165		P = 0.0582	
估计方法	FEM		FEM		FEM	

注：括号内为 t 统计量。***表示在 1% 的水平上显著。

表 4.5 中的数据显示，相对于东部地区和中部地区，西部地区的生产性服务业对城镇化的影响更大，GDP 增长对城镇化的影响比东部地区更为明显，工业发展也有利于城镇化发展。

表 4.5　　　　　　　　　　　　西部地区回归结果

变量	模型（1）		模型（2）		模型（3）	
	固定效应	随机效应	固定效应	随机效应	固定效应	随机效应
截距	2.4054 *** (28.3846)	2.4215 *** (23.3264)	2.4602 *** (28.6248)	2.5203 *** (26.9753)	2.4041 *** (15.1964)	2.5117 *** (16.1302)
LNPRO	0.1787 *** (14.7582)	0.1764 *** (14.7760)	0.0728 (1.5391)	0.04578 (1.0768)	0.0714 (1.4976)	0.0358 (0.8692)
LNIND			0.0959 *** (2.3111)	0.1139 *** (3.1261)	0.0991 ** (2.3381)	0.1212 *** (3.4515)
LNGDP					0.0170 (0.4235)	0.0104 (1.2860)
R^2	0.9640	0.6984	0.9662	0.6990	0.9663	0.6837
F 检验	P = 0.0000		P = 0.0000		P = 0.0000	
Hausman 检验	P = 0.2554		P = 0.0020		P = 0.0001	
估计方法	REM		FEM		FEM	

注：括号内为 t 统计量。**表示在 5% 的水平上显著，***表示在 1% 的水平上显著。

第四节　小　　结

从以上分析可以看出，工业发展对我国城镇化进程的影响最为明显，生产性服务业同样促进了我国城镇化发展，GDP 的增长也会提高城镇化水平。然而，有几个因素对我国城镇化影响的作用受到了一定制约，相关机制没能发挥应有的功能。从东部、中部、西部地区的情况来看，只有工业发展对各地区城镇化起到明显的正向影响，而东部地区生产性服务业与城镇化发展之间存在轻微的负向关联。这种现状与生产性服务业影响城镇化的相关机制受到抑制有很大关系。我国城镇化水平、生产性服务业、工业发展水平存在比较大的地区差异，东部地区区位优势明显，经济发展水平远高于中部和西部地区。这些差异既体现在区位上，又由于户籍等因素产生的城市及地区市场的分割，使要素流动受到严重制约，所以导致生产性服务业促进城镇化发展的作用机制难以发挥；而生产性服务业作用机制的抑制又进一步导致工业对城镇化的作用弱化。这就是当前我国 GDP 增长和生产性服务业发展迅速，但城镇化相对滞后的一个重要原因。

为了充分发挥生产性服务业的作用，引导各要素促进城镇化发展，有必要从以下几个方面采取对策。一是要消解各地区扭曲区位的各种政策，比如限制人口流动的户籍制度、导致房价过高的政策、大城市为了吸引投资而设立的过于优惠的产业政策等。只有各级城市相互协同发展，才能更好地发挥生产性服务业对城镇化发展的促进作用。二是要加快相对落后地区的基础设施建设，特别是提高中小城市、城镇的公共服务水平，为产业转移提供基本区位条件。在各级城市基本公共服务差异不大的背景下，通过大城市生产性服务业发展，促使这些城市其他产业向中小城市转移，从而发挥产业对城镇化的带动作用。三是在发展水平不同的地区，要选择合适的产业，比如工业在中部和西部地区仍然是带动城镇化发展最重要的部门，而生产性服务业在东部地区的发展有利于产业有序转移，这样各地城镇化发展在全国范围内能相对均衡，城镇化步伐也能得以加快。四是各级政府要尽快摆脱对土地财政的依赖，依靠卖地来维持政府的财政收入和城市建设发展基金是不可持续的发展方式。这种方式除了会使国家房地产泡沫问题变得更加严重，还会极大地制约生产性服务业对城镇发展的促进作用。一个健康优良有序的房地产市场无论是对生产性服务业的发展，还是对城镇化的发展都极为重要。

改革开放以来，我国城镇化高度发展，但同时也带来了交通拥堵、社会治安、环境污染等一系列问题。发展新型城镇化建设是解决城市病的重要措施，而生产性服务业对新型城镇化发展具有极其重要的促进作用，解决影响生产性服务业发展对城镇化进程促进作用的制约因素显得尤为重要。

第五章　生产性服务业与城市群发展：基于偏离—份额法分析

《国家新型城镇化规划（2014—2020年）》着重提出了要发展集聚效率高、辐射作用大、城镇体系优、功能互补强的城市群。要达到这一目标，应从多方面入手，尤其是从城市产业关联入手。生产性服务业具有重组产业结构、优化产业布局、促进产业升级的作用，通过产业在城市间以及城市内的优化重组，加快城市间产业的有序联系，能够对我国新型城镇化战略目标的实现提供助力。本书所选生产性服务业可参见第二章的定义。根据这个标准，以及数据可获得性和统计口径等，从各年《中国统计年鉴》和《中国城市统计年鉴》中收集了 2003—2016 年全国 284 个地级市及以上城市的生产性服务业相关数据。

第一节　城市群生产性服务业集聚度

通过观察全国 284 个地级市的生产性服务业区位商可以发现，城市群中的核心城市随着时间的增长，其生产性服务业的专业化集聚度越来越高，并且普遍高于周边城市。从图 5.1 中京津冀几个主要城市来看，北京的生产性服务业区位商从 2003 年的 1.27 增长到 2015 年的 2.42，并且明显高于天津。天津的生产性服务业的集聚度一直徘徊在 1 附近，由 2003 年的 1.07 缓慢增至 2015 年的 1.16，生产性服务业的专业化集聚程度变化不明显，甚至比石家庄和秦皇岛低。而像唐山、保定等工业化程度高的城市的生产性服务业发展程度相对较低。

图 5.2 显示，北京的生产性服务业区位商高于制造业，随着生产性服务业专业化程度提升，制造业专业化下降。而图 5.3 表明，天津的制造业专业化程度高于生产性服务业，两者在变动趋势上高度一致，但是差距在扩大。通过比较京津冀城市群其他城市，本书认为，在一定程度上，该城市群统计上符合假定 2，生产性服务业的发展有利于产业转移。

通过采用城市 HHI 指数来测算生产性服务业多样化可以发现，绝大多数城市的生产性服务业多样化集聚程度差距及变动都不大。北京的 HHI 指数从 2003 年（0.66）开始就一直呈缓慢下降趋势，到 2015 年下降为 0.53。而城市群的次级城市差距并不明显。其中，天津的 HHI 指数在 2003 年为 0.22，而 2015 年变为 0.24，稍有上升；石家庄的 HHI 指数明显上升，从 2003 年的 0.21 上升到 0.37；秦皇岛的 HHI 指数有所波动，但在 2011 — 2015 年仍然只有 0.29。

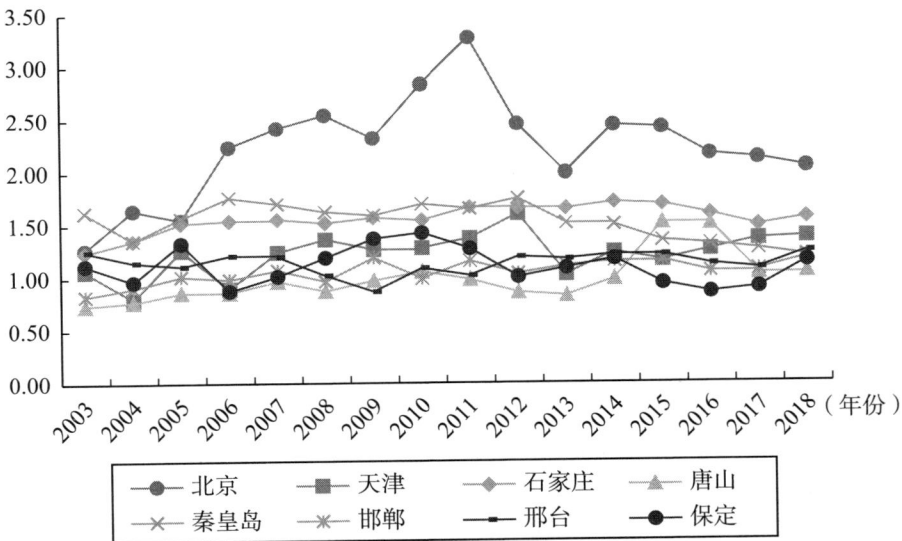

图 5.1　2003 — 2018 年京津冀城市群主要城市的生产性服务业区位商

资料来源：《中国城市统计年鉴》。

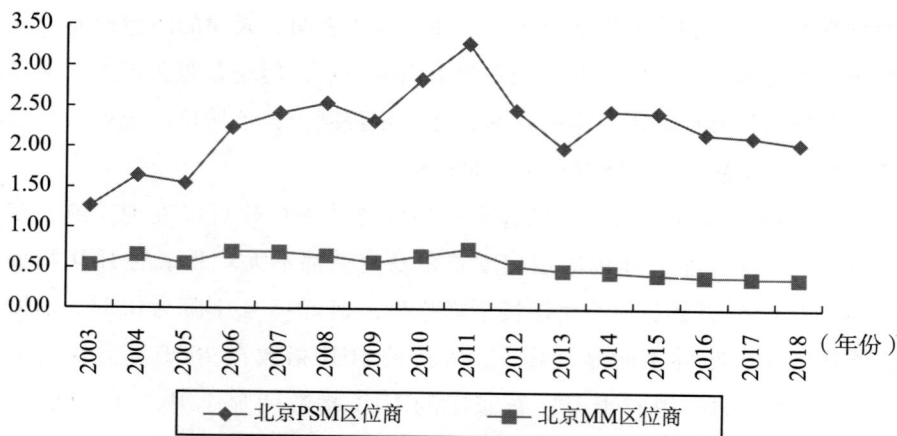

图 5.2　2003—2018 年北京市辖区的生产性服务业与制造业区位商

资料来源：《中国城市统计年鉴》。

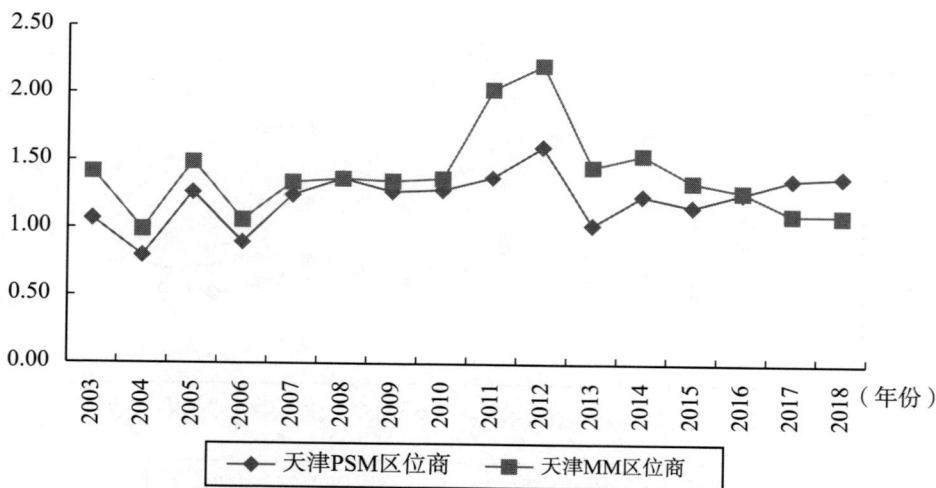

图 5.3　2003—2018 年天津市辖区的生产性服务业与制造业区位商

资料来源：《中国城市统计年鉴》。

第二节　生产性服务业的结构效应和竞争效应

因为集聚经济与结构差异的存在，导致各城市地区产业生产率不同，本书采用偏离—份额分析法（Shift-share analysis）来分析生产性服务业通过产业结构对城市群经济增长的影响。其中，结构效应（MIX）衡量区域部门结构产生的影响，其形成原因是全国更具活力的产业在本地区经济结构中所占比重较高；竞争效应（DIF）的产生是因为地区具有的集聚经济能让其每个部门相对于全国水平来说具有更高的生产效率。[①] 这两个指标分别说明生产性服务业的生产结构与区域增长关系。结构效应用于区分区域增长差异中的结构因素和需求因素，竞争效应则用于区分区域增长差异中的短期竞争效应和供给因素。

因为我国空间地理范围广大，地区差距明显，城市产业结构及产业转移一般在临近城市之间优先发生。本书以城市群为研究对象，按国家相关部门的定义，我国目前有 20 多个城市群。生产性服务业在发达城市群的发展程度相对较高，尤其是东部地区的京津冀城市群、粤港澳城市群、长江三角洲城市群等代表了生产性服务业发展水平和趋势。

本书中的城市标准采用的是国务院于 2014 年发布的《关于调整城市规模划分标准的通知》，将城市按照人口规模的大小划分为五类：超大城市、极大城市、大城市、中等城市和小城市。在分析城市群的结构效应与竞争效应时，我们从城市群整体与城市群中不同城市规模两方面来分析。从全国范围来看，生产性服务业的结构效应和竞争效应都呈现波动发展趋势。从图 5.4 中可以看出，京津冀城市群整体的结构效应波动较大。2004 年，京津冀城市群的生产性服务业的结构效应为 -0.003，2013 年降至 -0.036，虽然在 2014 年上升到 0.04，但之后几年一直在下降，在 2017 年降至 -0.008，然后在 2018 年又迅速上升到 0.03。从城市规模来看，京津冀城市群按城市规模可分为三类：超

---

① $MIX = \sum_{i=1}^{n} \frac{E_{ir}^0}{E_r^0}\left(\frac{E_{ir}^1}{E_{ir}^0} - \frac{E_n^1}{E_n^0}\right)$，$DIF = \sum_{i=1}^{n} \frac{E_{ir}^0}{E_r^0}\left(\frac{E_{ir}^1}{E_{ir}^0} - \frac{E_{in}^1}{E_{in}^0}\right)$。其中，$E$ 代表生产性服务业的就业人数变化，i 代表生产性服务业的部门，n 和 r 分别代表国家和区域。括号内的项测量是 0~1 时期（0 代表基期，1 代表比较期）部门 i 在地区就业量的增长率与全国平均增长率之间的差距。

大城市（北京、天津、石家庄、邯郸、保定）；特大城市（唐山、邢台、沧州、安阳）；大城市（秦皇岛、张家口、承德、廊坊、衡水）。从图 5.4 可以明显看出，京津冀城市群的变化趋势主要由超大城市主导，超大城市的变化幅度稍大于整个城市城市群的变化幅度。超大城市的结构效应在 2004 年为0.002，到 2018 年上升至 0.04。特大城市与大城市的波动变化幅度相对较小，而它们的结构效应分别从 −0.0004 和 −0.01 上升到 0.04 和 0.0002。

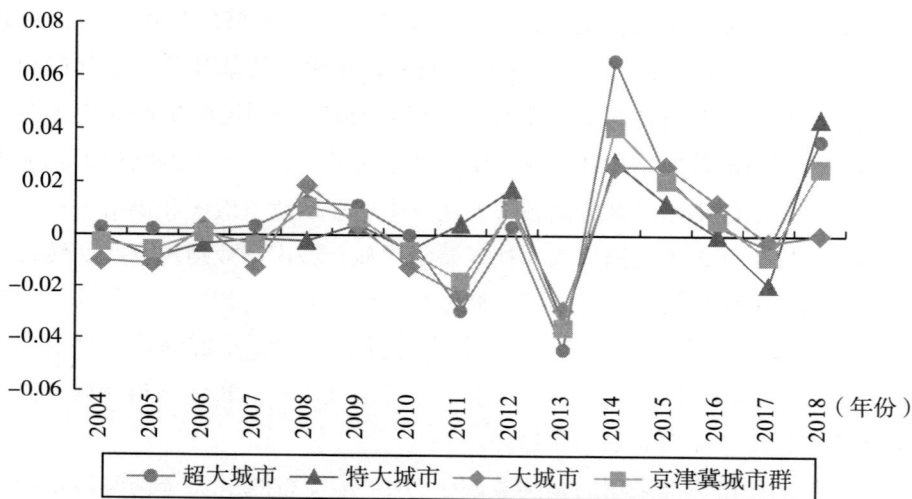

图 5.4　2004—2018 年京津冀城市群的生产性服务业结构效应

资料来源：《中国城市统计年鉴》。

从图 5.5 可以看出，竞争效应与结构效应的变化趋势大体相同。京津冀城市群整体的竞争效应从 2004 年的 0.002 升至 2018 年的 0.02，超大城市则是从0.01 升至 0.03，而特大城市的竞争效应从 0.004 上升至 0.04。2018 年的数据显示，大城市竞争效应与其他类型城市相比有所减弱。由此我们可以看出，在京津冀城市群中，超大城市与特大城市的生产性服务业从结构效应与竞争效应两方面对本地区发展起促进作用，而大城市的生产性服务业在这两方面的作用都不太明显。

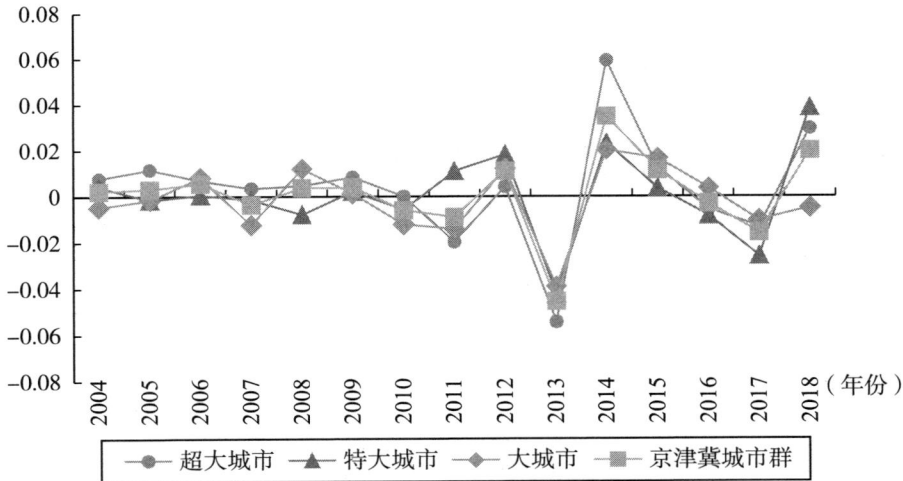

图 5.5　2004—2018 年京津冀城市群的生产性服务业竞争效应

资料来源：《中国城市统计年鉴》。

图 5.6 与图 5.7 表示的是关中平原城市群的生产性服务业的结构效应与竞争效应。关中平原城市群按人口规模可分为：特大城市（运城、西安、渭南）；大城市（临汾、宝鸡、商洛、天水、平凉、庆阳）；中等城市（铜川）。从图 5.6 和图 5.7 可以明显看出，关中平原城市群整体的结构曲线和竞争曲线与特大城市的基本重合。由此可得出，关中平原城市群的生产性服务业对地区经济发展与其他产业的发展主要取决于特大城市。其中，2004—2018 年，城市群整体的结构效应从 −0.01 上升至 0.03，竞争效应从 −0.01 上升至 0.03；特大城市的结构效应从 −0.02 上升至 0.09，竞争效应从 −0.01 上升至 0.08；大城市的变化相对比较平稳，结构效应从 −0.01 上升至 0.01，竞争效应由 −0.002 上升至 0.01；中等城市的变化最为波折和明显，结构效应与竞争效应分别从 −0.01 和 −0.01 上升至 0.01 和 0.001。总体而言，在关中平原城市群中，生产性服务业的竞争效应较为明显，而结构效应相对较弱。由此可见，生产性服务业在关中平原城市群主要通过促进其他产业发展来推动区域经济发展。

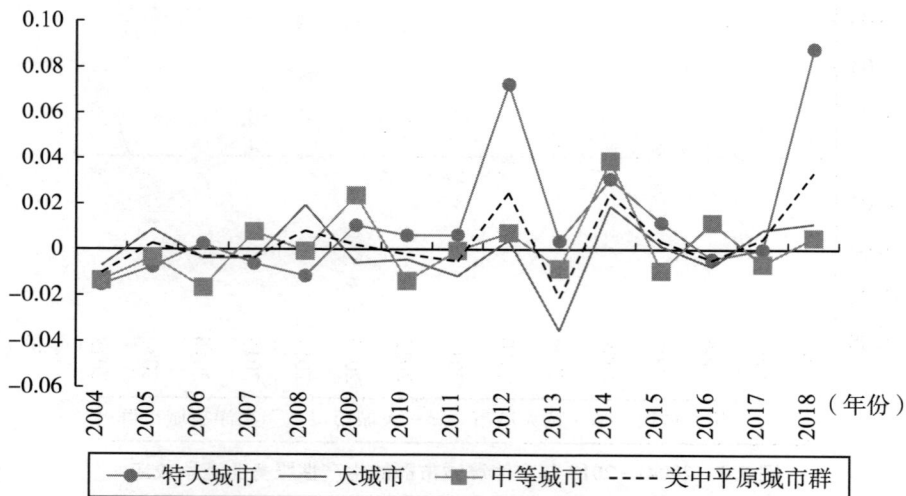

图 5.6　2004—2018 年关中平原城市群的生产性服务业结构效应

资料来源：《中国城市统计年鉴》。

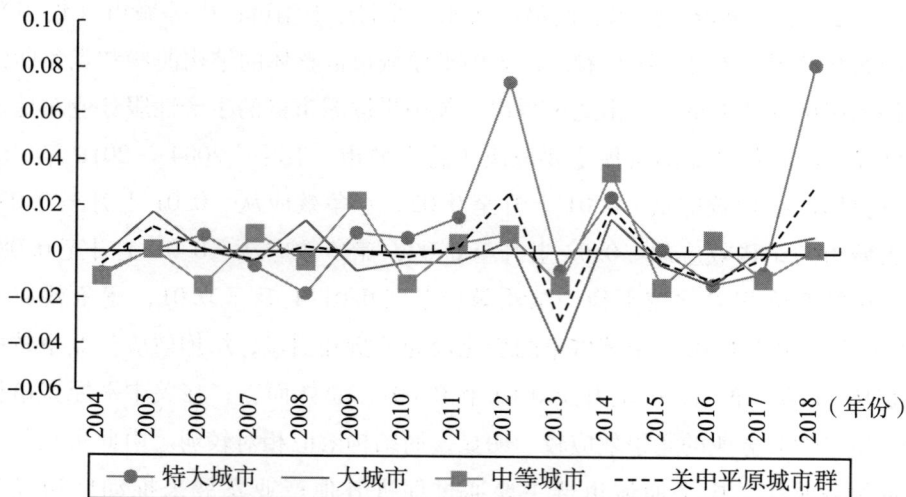

图 5.7　2004—2018 年关中平原城市群的生产性服务业竞争效应

资料来源：《中国城市统计年鉴》。

图 5.8 与图 5.9 表示的是长江中游城市群的结构效应与竞争效应。长江中游城市群的城市规模相对简单，只分为两类：特大城市（南昌、九江、吉安、宜春、上饶、武汉、襄阳、孝感、荆州、黄冈、长沙、衡阳、岳阳、常德）和大城市（景德镇、萍乡、新余、鹰潭、抚州、黄石、宜昌、鄂州、荆门、咸宁、株洲、湘潭、益阳、娄底）。长江中游城市群整体的变化受这两类城市的共同影响，并且受下行影响较大。2004—2018 年，城市群整体的结构效应从 0.01 上升至 0.03，而竞争效应则从 0.02 上升至 0.03。其中，特大城市与大城市的结构效应分别从 0.04 和 −0.01 变化为 0.02 和 0.05，而竞争效应则分别从 0.04 和 −0.01 变为 0.01 和 0.04。由此可见，在长江中游城市群中，生产性服务业主要是通过对其他产业产生正向影响来促进区域的发展。

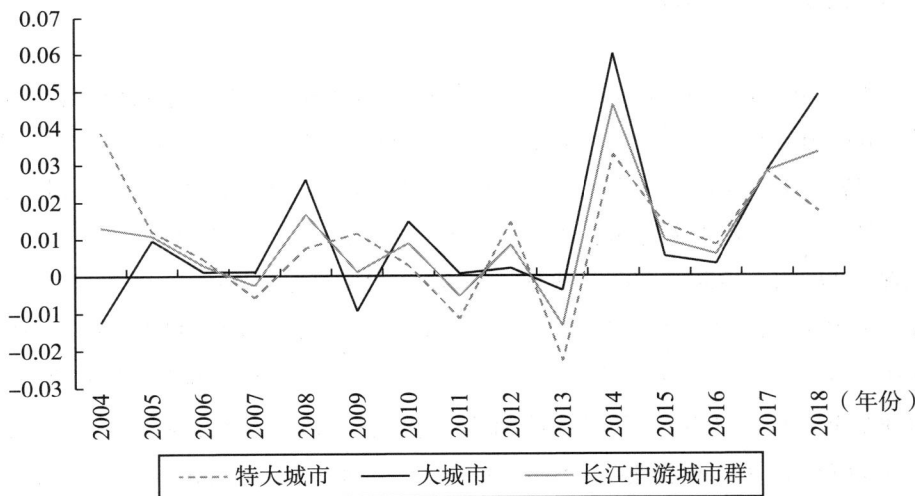

图 5.8　2004—2018 年长江中游城市群的生产性服务业结构效应

资料来源：《中国城市统计年鉴》。

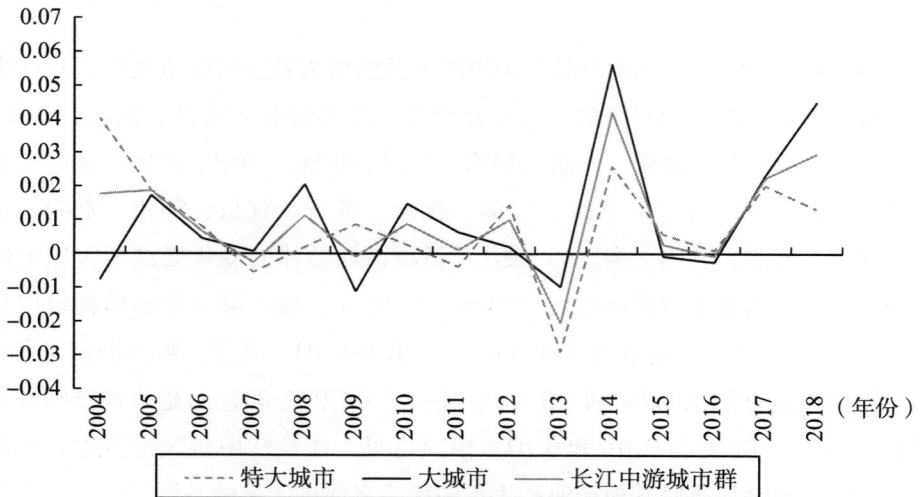

图 5.9　2004—2018 年长江中游城市群的生产性服务业竞争效应

资料来源：《中国城市统计年鉴》。

　　图 5.10 与图 5.11 表示的是长三角城市群的结构效应与竞争效应。长三角城市群所覆盖的城市结构比较复杂，城市规模多样，包括：超大城市（上海）；特大城市（南京、苏州、南通、盐城、泰州、杭州、宁波、台州、合肥、安庆）；大城市（无锡、常州、扬州、镇江、嘉兴、湖州、绍兴、金华、芜湖、马鞍山、铜陵、滁州、池州、宣城）；中等城市（舟山）。从图 5.10 和图 5.11 中可以看出，长三角城市群整体的变化受各类城市的共同影响。其中，2004—2018 年，城市群整体的结构效应从 0.005 上升至 0.007，竞争效应从 0.0068 上升至 0.0074；不同规模城市的变化也不同——超大城市（上海）的结构效应与竞争效应分别从 −0.01 和 −0.01 上升至 0.03 和 0.02；特大城市、大城市和中等城市的结构效应分别从 0.02、−0.004 和 0.01 上升至 0.01、0.01 和 0.01，而竞争效应则分别从 0.02、−0.0003 和 0.013 下降至 0.003、0.002 和 0.0012。由此可见，长三角城市群的生产性服务业主要通过促进其他产业发展来推动区域经济发展。

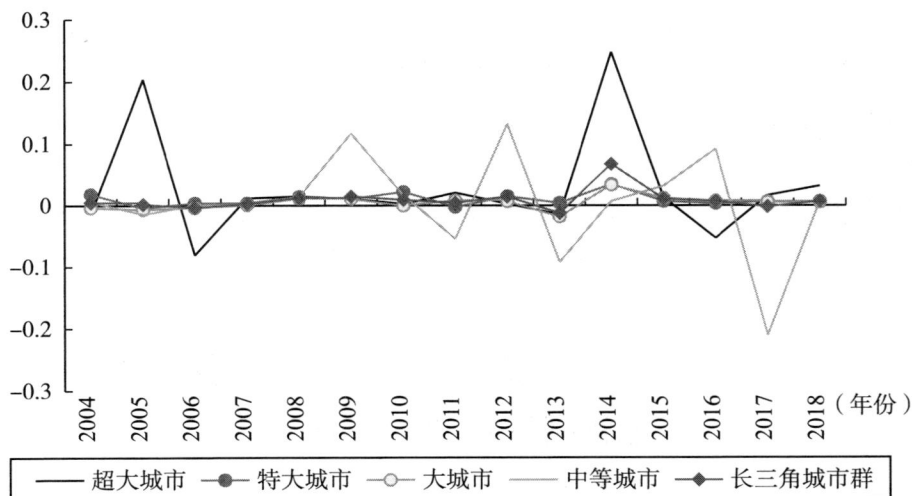

图 5.10 2004—2018 年长三角城市群的生产性服务业结构效应

资料来源：《中国城市统计年鉴》。

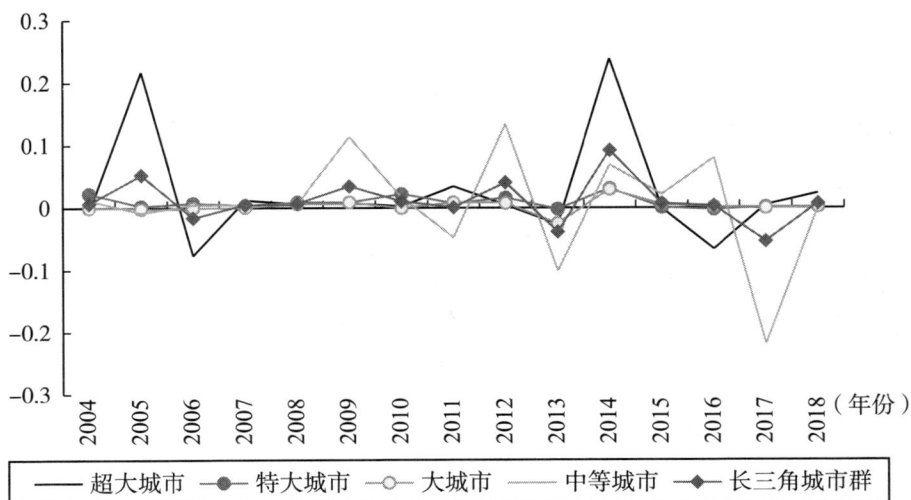

图 5.11 2004—2018 年长三角城市群的生产性服务业竞争效应

资料来源：《中国城市统计年鉴》。

从以上采用偏离—份额分析法进行分析可以看出，在所选取的几个城市群中，生产性服务业主要是通过对其他产业产生促进作用来推动地区发展，可见生产性服务业与其他行业之间的互相依赖性很强。促进生产性服务业的发展不仅是促进服务业自身发展所需要的，更是促进区域一体化发展的必要条件。但是，生产性服务业供给侧对区域发展的影响不明显，因此进一步研究生产性服务业的影响效应十分必要。以下将使用面板分析的方法，通过分析生产性服务业对城镇化发展产生的影响来研究生产性服务业的影响方式与结果。

第三节　基于典型城市群的生产性服务业与新型城镇化的面板分析

本节的分析理论及检验假设来自第二章第三节的相关研究。为了分析生产性服务业对新型城镇化的影响，用城市人口净流入量来衡量产业变动带动的城镇化。因为城市没有农村人口，用人口净流入来衡量产业带动的劳动力要素流动是合理的。本书以京津冀、长三角、珠三角和长株潭城市群为研究对象，分析各城市群的生产性服务业专业化、多样化、竞争效应和结构效应对人口流入的影响，以此来判断生产性服务业是否通过集聚和产业扩散效应，以及竞争和结构效应优化了城市经济关系，加强了劳动力要素的城市间及城乡间的转移，促进了城镇协调发展。相关数据在前面章节做了说明，此处采用面板数据分析法，得出以下回归结论（见表5.1）。

采用聚类稳健标准误的固定效应模型，用 STATA 软件进行分析，其结论如表5.2所示。生产性服务业区位商与人口流动负相关，影响较大；制造业区位商对人口流动产生较小的负效应。赫芬达尔指数的负系数代表生产性服务业的多样化集聚能促进人口流出。生产性服务业竞争效应的负相关关系表明，生产性服务业未能通过提高本地其他产业生产效率来吸引更多的人口。结构效应为正则意味着生产性服务业作为更具活力的产业，能有效提升本地经济增长，从而促进人口流入。

表 5.1　　　　　　　生产性服务业与新型城镇化面板分析变量描述性统计

	变量	观察值	平均值	最大值	最小值	标准差
被解释变量	人口净流入	624	−3.8183	485.2522	−514.5171	42.2093
解释变量	生产性服务业区位商	624	1.20447	28.3641	0.0002	1.3556
	制造业区位商	624	1.30759	4.3916	0.0000	0.7863
	生产性服务业结构效应	624	39.6254	16639.41	−22.4333	700.625
	生产性服务业竞争效应	624	39.6073	16641.28	−23.1444	700.7168
	赫芬达尔指数	624	0.4543	151.759	0.0001	6.077

表 5.2　　　　　　生产性服务业与新型城镇化固定效应模型回归结果

变量	估计值	标准误	t 统计量
生产性服务业区位商	−8.0960** (0.075)	4.4618	−1.81
制造业区位商	−1.9942 (0.203)	1.5459	−1.29
生产性服务业结构效应	5.8534** (0.011)	2.2287	2.63
生产性服务业竞争效应	−5.8279** (0.012)	2.2275	−2.62
赫芬达尔指数	−1.2336* (0.053)	0.6232	−1.98

注：＊表示在 10％ 的水平上显著，＊＊表示在 5％ 的水平上显著。

第四节　小　　结

以上分析表明，生产性服务业在我国经济活动中具有本书所提出的产业协同扩散效应，因此假定 1 和假定 2 是基本成立的，即城市产业具有规模收益递增性，并能促进生产性服务业发展，而生产性服务业又进一步提升产业生产率，从而加剧产业向城市的集聚；生产性服务业集聚于城市，促进制造产业空间转移并优化城市之间的经济关系，从而有利于城镇协调发展。然而，部分自变量为负的回归结果也意味着生产性服务业未能通过提高本地其他产业生产效率来吸引更多的人口。在一定程度上，制造业导致人口流出，也与假设有一定的冲突。本书认为，导致这一结论的原因是我国存在区位扭曲，大城市集聚效应和累积循环效应放大。由于区位扭曲，生产性服务业与城镇化互动发展会受到抑制，直接产生以下传导：上级城市发展带动生产性服务业发展，同时城市区位成本上升，因为存在区位扭曲，上升成本受到抑制，小于集聚经济带来的效益，这样次级城市区位劣势会更加显著，因此要素和产业进一步向上级城市集聚。次级城市市场规模缩小，上级城市规模扩大……这样循环向上发展，不合理的城镇层级结构得到强化，城镇间发展不协调，最终导致城镇化进程减缓。

　　为此，本书提出，消除区位扭曲是发挥生产性服务业加快产业提升、产业有序空间转移、促进城镇协调发展的关键。当前，对区位产生扭曲的主要政策因素包括：①各地对房地产市场过度干预的政策干预了本地空间租金，扭曲了土地价格，传导了错误信息；②各地出台对产业的不合理补贴政策扭曲了企业的选址决策；③教育等各项公共服务在城市之间的分布极其不均衡，导致人口流动受到极大约束。这些政策制约了生产性服务业促进城镇化发展机制的运行，是我国城镇难以协调发展的重要障碍，需要尽快消除。

第六章　生产性服务业与人口流动：产业升级的带动效应

第一节　问题提出

2014 年以来，我国进入经济发展的新常态：从高速增长状态转向中高速增长状态，从规模速度型的粗放增长转向质量效益型的集约增长。我国产业结构亟待调整升级，为此，中央提出了一系列针对结构性问题的改革举措，其中包括推进产业转型升级的对策。同时，我国面临的另一个重大问题是人口空间分布不合理，尤其是超大城市人口过度集聚、中小城镇人口流失等现象十分突出，呈现出大城市超负荷发展而中小城镇发展乏力的失衡局面，阻碍了我国城镇化进程和经济的可持续发展。探讨结构性改革，尤其是在产业结构深度调整带来的结构性失业背景下，如何引导人口有序流动、促进人口合理分布是一个急迫的现实问题。

长久以来，关于人口流动的研究在国内外不断丰富和发展。从微观个体层面看，拉文施泰因（Ravenstein，1885）指出，大部分的人群迁移是为了满足其追求物质方面更好生活的欲望。埃弗里特（Everett，1966）在此基础之上归纳出人口迁移的四类因素，包括迁出地因素、迁入地因素、中间障碍因素以及个人因素。迁出地和迁入地因素取决于地区间的差异，障碍因素主要体现为地区之间的自然因素和政治因素，而由于个体差异呈现出的对前三种影响因素不同程度的反应就是个人因素。从宏观层面来看，刘易斯（Lewis，1954）通过二元经济模型得出，城乡收入差距是剩余劳动力转移的主要动力。托达罗（Todaro，1969）在此基础上提出，预期城乡收入差距才是引导劳动力转移的主要原因。斯塔克等人（Stark et al.，1991）则认为，人们可以为了一个微小的获取高收入的可能性而从农村迁移至城市，即使当下预期的城市收入低于农村收入。我国学者对人口流动的研究既从微观层面丰富了人口流动研究理论，又从宏观层面对其进行了补充。在改革开放前的相当长时间里，户籍制度是影响我国农村劳动力转移最主要的中间障碍因素。改革开放以后，劳动力在城乡之间的流动变得相对自由，就业可达性持续引导人口从中部和西部地区转向东部沿海地区，以及从中部地区转向以北京和广州为中心的增长极。人口流动也与产业结构演进有着极大的联系。进入 21 世纪以来，我国就业人口在三次产业间的分布发生了明显的转变，呈现出劳动力从第一产业流向第二、第三产业的基本特点。第三产业的发展和较高的工资成为城市吸引流动人口的重要因素。然而，农民市民化成本过高阻碍了人口流动，其中，城市房价快速上涨成为抑制人口流动的重要因素。

在影响人口流动的众多因素中，产业结构升级是一个不可忽视的因素。根据国内外学者的研究，产业结构优化升级能引导人口的空间分布，帮助改善我国人口分布不均衡的局面。然而，现实状况是，我国产业结构不断变化，人口空间分布不均衡的情况没有得到缓解。当前，供给侧结构性改革提供了产业结构升级的新契机，我国产业结构在未来将发生新的变动，由此带来的人口分布是更为合理还是会加剧当前不均衡的局面，目前并不明朗，需要我们深入研究。

第二节　产业结构和我国人口分布的非均衡性

根据刘易斯（Lewis）的二元经济理论，生产率高的部门，其边际产出高，劳动者能获得更高的工资。部门之间的工资差吸引劳动力从低生产率部门流向高生产率部门。随着高生产率部门的扩大再生产，加之高生产率部门有剩余资本进行技术研发，进而推动边际产出持续增长，使产业结构升级—劳动力流动这一过程不断强化。当劳动力流向高生产率部门时，主要劳动力的流动会带动家庭跟随性迁移，继而发生由劳动力流动带动的人口流动，形成产业结构升级—劳动力流动—人口流动的传导路径，从而引导人口在经济区域内合理分布。但我国产业结构变动、劳动力流动以及人口分布之间没有出现良性发展，尤其是在经济新常态下面临的结构性失业，对调整人口分布形成新的挑战，主要表现如下。

一、产业结构升级下结构性失业压力加大

由图 6.1 和图 6.2 可知，2018 年全国第三产业产值在 GDP 中的占比达到 52%，就业人员占比达 46%；第二产业产值占比为 41%，就业人员占比为 28%；第一产业产值占比为 7%，就业人数占比达 26%。这说明，尽管我国三次产业就业人数占比的变化趋势与其产值占比的变化趋势保持一致，但我国第一产业产出仍然是低效率的，仍存在相当数量的待转移劳动力，而第二、第三产业则具备较大的劳动力吸纳空间。同时，第一产业与第二、第三产业之间维持着很长时间的生产率差距，说明劳动力流出的速度跟不上产业发展的速度，在产业间的流动较为困难。因此，我国在产业结构调整过程中面临较大的结构性失业压力。

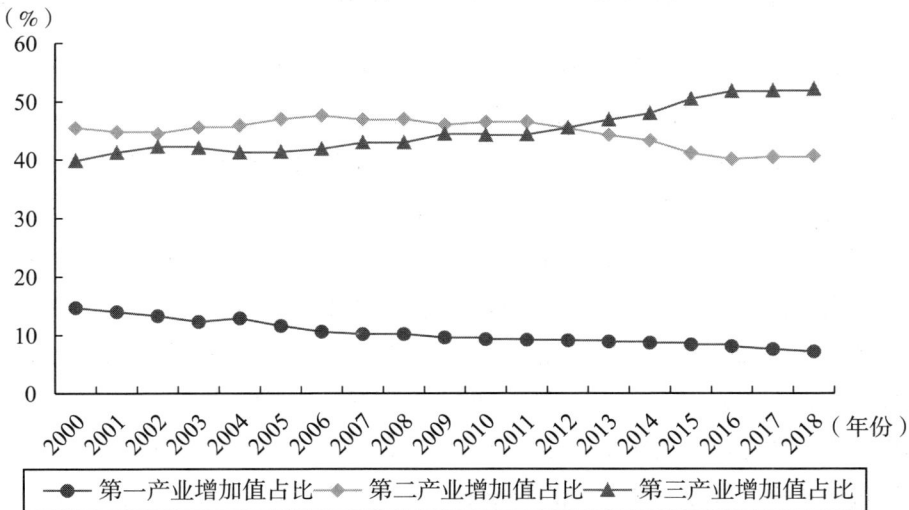

图 6.1　2000—2018 年三次产业增加值占比

资料来源：国家统计局。

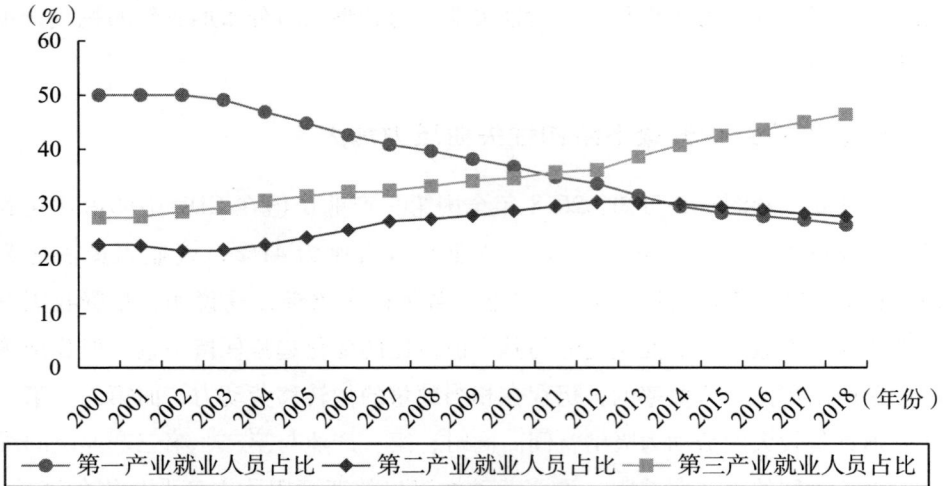

图 6.2　2000—2018 年三次产业就业人数占比

资料来源：《中国统计年鉴》。

二、人口非均衡分布与地区间过度竞争并存

图 6.3 所示为我国 31 个省（自治区、直辖市）的人口密度分布。图中曲线波动较大，说明我国人口分布不均衡，倾向于往少数区域集聚，这与我国地区之间发展不均衡密切相关。发展产业早并产生经济集聚现象的地区比发展产业晚的地区能吸引更多人口。正因如此，我国率先发展起来的地区源源不断地吸引着外来人口，而发展相对落后的地区普遍存在较为严重的人口流失现象，不利于人口流出地的产业发展。在这种双重作用下，区域间的经济差距越来越大。图 6.4 为我国 31 个省（自治区、直辖市）单位面积的人均产出，反映了总体产出在全国人力和土地资源方面的分布情况。曲线的波动表明，在全国范围内，我国的总体产出在土地和人口方面分布不均，原因是人口和产业在少数地区过度集中，导致资源配置的低效率，其特征之一就是在高单位产出的地区产生过度竞争。

（人/公顷）

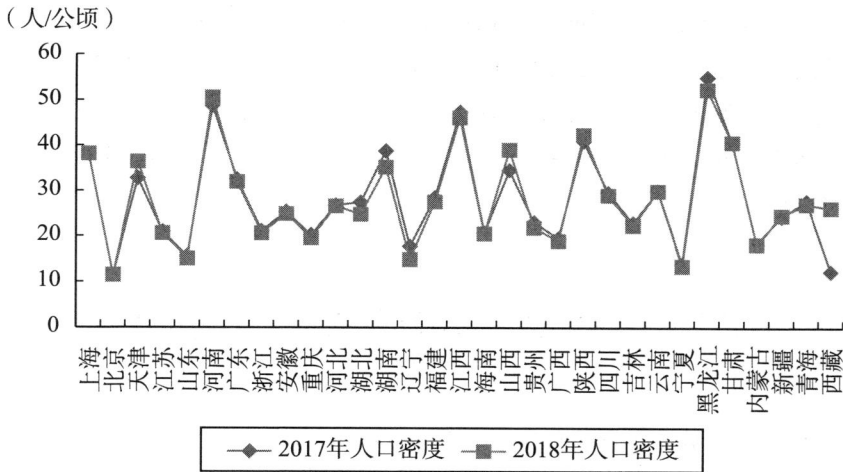

图 6.3　2017 年和 2018 年全国 31 个省（区、市）的人口密度分布

资料来源：《中国统计年鉴》。

（元/万公顷）

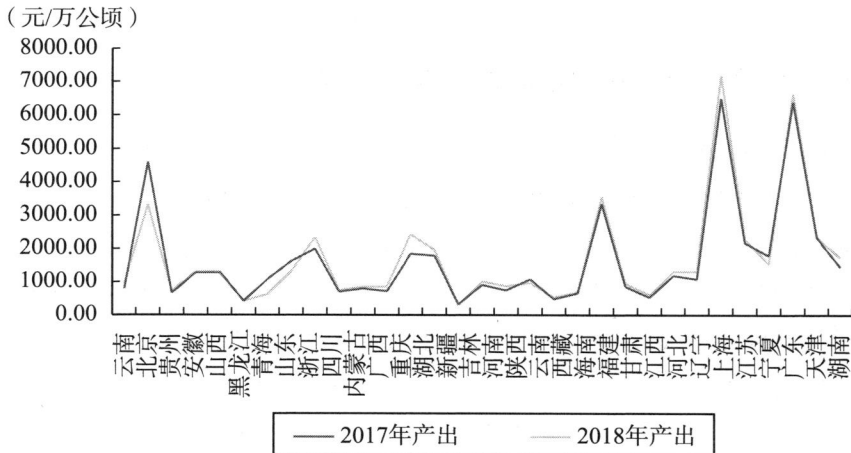

图 6.4　2017 年和 2018 年全国 31 个省（区、市）的单位面积人均产出分布

资料来源：《中国统计年鉴》。

　　由于我国产业结构和人口流动面临结构性失业压力加大、区域经济差距导致人口分布不均衡、资本高度集聚导致过度竞争等问题，因此需要对我国产业结构升级影响人口流动进行实证检验，找出人口不合理分布的原因。需要注意的是，尽管此前根据刘易斯的二元经济模型推导出的产业结构升级——劳动力

流动—人口流动这一机制能较好地解释产业结构变动对人口流动的影响，但该模型抽象了这一传导机制运行中的许多影响因素，如产业结构升级—劳动力流动过程中的劳动力异质性、劳动力流动—人口流动过程中的群体效应、两个流动阶段面临的成本差异，以及流入地的特性。本书在接下来的研究中将这些因素也考虑在内。

第三节　我国人口流动影响因素实证分析

由于生产性服务业具有促进产业结构升级的重要作用，基于本书的关注重点，选取生产性服务业占比作为产业结构表征指标。综合考虑我国人口流动的现实情况，本书选择生产性服务业占比、收入水平差异、地区消费成本、就业岗位、生活环境、教育、医疗等影响人口流动的主要因素作为模型中的自变量。其中，生产性服务业占比是主变量，其他变量是控制变量。

一、变量说明、数据选取以及模型构建

（一）变量说明

1. 人口净流入占比（*FLOW*）。人口净流入表明当前时点下人口流入或流出的最终结果。人口净流入值为正，说明该地区的人口流入大于人口流出；人口净流入值为负，说明该地区的人口流入小于人口流出。由于不同地区的人口基数不同，因此用人口净流入/总人口这一相对值来衡量该地区的人口流动情况，计算公式如下：

$$人口净流入占比 = [当年年末总人口 - 去年年末总人口$$
$$× (1 + 当年人口自然增长率)] / 当年年末总人口$$

2. 产业结构（*PSRO*、*TPSRO*）。产业结构升级包含本地产业构成比例优化和空间上的产业转移。本书将用 *PSRO* 的波动来反映当地产业结构升级中产业转移的部分。该比值越高，说明产业向当地转移得越多，也就越能吸引人口流入。用 *TPSRO* 描述当地产业构成比例。该比值越高，说明当地产业构成越高级，也就越能吸引人口流入。这两个变量共同衡量产业结构升级，且对人口流入产生正向影响，具体计算公式如下：

$$PSRO = 本地生产性服务业增加值/全国生产性服务业增加值$$

$$TPSRO = 本地生产性服务业增加值/第二产业增加值$$

3. 地区收入水平（*WW*）。本书用地区收入水平来衡量某地区在全国范围内的整体收入水平。与全国收入相比，地区收入越高，越能吸引人口流入，对人口流入将产生正向影响。具体计算公式如下：

$$WW = 地区在岗职工平均工资/全国在岗职工平均工资$$

4. 人均消费成本（*LNCPI*）。经济发展引起物价自然上涨，居民消费支出随之增加。当考虑某个地区的生活成本时，首先要考虑当地的物质消费水平。本书选用人均物质消费总额来估计当地的生活成本，并推测当地的物质消费水平越高时，人们在当地生活的成本越高，就越会抑制人口流入。

5. 供房压力（*HW*）。国民的传统观念显示，对平稳和安定的追求会促使人们作出购房决定。在经济发展和部分地区人口过度集聚的双重作用下，房价持续上涨，逐渐成为人们考虑是否在当地定居的重要参考因素。对于大部分劳动者来说，购房的主要经济保障是工资收入。因此，本书用供房压力来估计以工资收入购置住房的压力。当这一比值上涨时，说明房价相对于收入上涨更快，供房能力下降，从而对人口流入产生负向影响。该变量的具体计算公式如下：

$$HW = 当地房产完成总额/当地在岗职工工资总额$$

6. 失业率（*UNEMP*）。根据托达罗（Todaro）的人口流动模型理论，流入地的失业率是影响劳动力流动的关键因素之一。如果一个地区伴随有频繁的失业或者较高的失业率，都将加大劳动力在当地的就业竞争，也就会在一定程度上抑制该地区的人口流入，最终对人口流入产生负向影响。

7. 教育水平（*EDU*）。我国的传统观念以及父母和子女间的纽带关系导致成年人在选择流入地时会特别考虑预备流入地对子女是否合适，其中一个重要的衡量指标就是当地的教育水平。一些父母即使在短期内没有能力举家迁移，也会就近将子女送到教育口碑更好的城市读书。例如，许多省会城市的在校学生是非当地户籍人口。因此，我们有理由推测，当地的教育水平越高，越能吸引人口流入。本书用人均中学教师数量来衡量教育水平。

8. 医疗便捷度（*MED*）。医疗是人们日常生活中不可忽视的部分。在医疗供需不匹配的大环境下，一个地区的就医可达性越高，越有利于提高人们的生活满意度，对外来人口流入能产生正向影响。综合对比各项指标对医疗便捷度的估计，本书选用人均医疗机构床位数来大致衡量当地的医疗便捷度。人均床位数越高，说明人们可获取的医疗资源越充裕，在一定程度上也表明就医越方便。

9. 绿化水平（*GRE*）。随着经济的发展，人们对物质以外的生活条件的要求更高。各机构定期发布"最适宜人居的城市排行榜""城市污染指数排行榜"等信息，说明从国家到公民都关注所处环境的好坏，重视环境对生产和生活的影响。因此，我们可以推测，一个地区的生态环境越好，越能吸引外来人口长久定居。因空气质量、水土环境等数据在获取年份上受限，本书将人均绿地面积大小作为当地环境好坏的衡量指标，并推测人均绿地面积越大，越能吸引人口流入。

10. 交通便捷度（*TRA*）。公交系统越发达，线路规划越完善，人均拥有公共交通资源就越多，也就越能为居民生活提供便利，从而对人口流入产生正向影响。本书将用人均拥有公交数来衡量地区的公共交通便捷程度。

（二）数据选取及模型构建

本书采用面板计量模型检验产业结构升级对人口流动的影响。根据所选变量和相关数据的可得性，本书从《中国统计年鉴》和《中国城市统计年鉴》中选取了 2000 —2016 年全国第二产业增加值、生产性服务业增加值、全国城镇在岗职工平均工资，以及同时间段 255 个地级市（283 个地级市中有 28 个地级市因数据可得性受限，予以剔除）的地区生产总值、第二产业增加值、生产性产业增加值、年末总人口、年均人口、年均人口自然增长率、就业总人口、失业总人口、社会零售商品消费总额、房产完成总额、城镇在岗职工工资总额、城镇在岗职工平均工资、公交车总数、中学教师数量、卫生机构医疗床位数，以及城市绿地面积等数据。由于衡量不同变量的数值之间大小差异悬殊，因此对数值普遍较大的变量取对数。此外，还对同时涉及有正值、负值且数值波动范围较大的变量求平方根，为进行面板数据回归分析做准备。模型设立如下：

$$GFLOW = \alpha + \beta PSRO + \pi TPSRO + \gamma WW + \delta LNCPI + \theta HW + \tau UNEMP$$
$$+ \partial LNEDU + \varphi LNMED + \sigma LNGRE + \varepsilon LNTRA + \mu \qquad (6.1)$$

其中，α 为常数项，与每个变量之前的参数 β、π、γ、δ、θ、τ、∂、φ、

σ、ε 一样，都包含有时间和截面效应，μ 为随机扰动项。产业结构（*PSRO*、*TSPRO*）为核心解释变量，地区收入水平（*WW*）、人均零售商品消费总额（*LNCPI*）、供房能力（*HW*）、失业率（*UNEMP*）、教育水平（*LNEDU*）、医疗便捷度（*LNMED*）、绿化水平（*LNGRE*）、交通便捷度（*LNTRA*）为控制变量，人口净流入（*GFLOW*）为被解释变量。

二、实证结果

由于数据的时间跨度较长，在实证研究前，首先对解释变量和被解释变量进行 Im-Pesaran-Shin 检验，平稳性检验结果见表 6.1。对原始数据不平稳的数据已做一阶差分处理，且一阶差分后的数据均平稳。

表 6.1　　　　　　　　　　人口流动影响变量平稳性检验结果

变量		Im-Pesaran-Shin 检验值	结论
GFLOW	人口净流入	-21.4331（p = 0.0000）	平稳
PSRO	产业转移	-23.2340（p = 0.0000）	一阶平稳
TSPRO	产业比例高级化	-21.5416（p = 0.0000）	一阶平稳
WW	地区收入水平	-6.5786（p = 0.0000）	平稳
LNCPI	人均消费成本	-22.9592（p = 0.0000）	一阶平稳
HW	供房压力	-26.6061（p = 0.0000）	一阶平稳
UNEMP	失业率	-7.7524（p = 0.0000）	平稳
LNEDU	教育水平	-27.5498（p = 0.0000）	一阶平稳
LNMED	医疗便捷度	-25.7663（p = 0.0000）	一阶平稳
LNGRE	绿化水平	-26.6583（p = 0.0000）	一阶平稳
LNTRA	交通便捷度	-26.8210（p = 0.0000）	一阶平稳

根据模型的设定以及面板数据的特性，本书分别进行了固定效应回归和随机效应回归，并在模型中构建了聚类变量，用以消除异方差带来的影响。最后，对模型进行了 Hausman 检验。检验结果拒绝了随机效应模型更优的原假设，因此，我们认为固定效应模型更为合理。这一结果说明模型包含有个体效应，个体差异造成的影响比较明显。本书将根据固定效应回归结果来描述变量

之间的回归关系。

固定效应回归的结果表明，模型整体的显著性较强。解释变量中 *PSRO*、*TSPRO*、*LNCPI* 的系数以及截距项通过了显著性检验，而 *WW*、*HW*、*UNEMP*、*LNEDU*、*LNMED*、*LNGRE*、*LNTRA* 的系数并不显著。

从产业结构升级对人口流动的影响来看，*PSRO* 代表的产业转移对人口流入有非常明显的正向影响。而 *TSPRO* 代表的本地产业构成比例优化对人口流入的影响显著，但却是负向的。从结果来看，第三产业增加值相对于第二产业增加值变大反而抑制了城市的人口流入，这与我们的原始假设不符。这一结果同时也表明，第二产业增加值相对于第三产业增加值变大能够吸引人口流入。原因之一是，产业比例的优化是产业结构升级的必要而非充分条件，加之我国第二产业的发展在区域上差别大，例如，相比上海等发达地区，许多地方的第二产业发展水平总体比较低。我国第二产业对劳动力仍然具有相对较强的吸纳能力，说明第二产业发展更能吸引人口流入。原因之二是，第二产业规模化生产更为普遍，对劳动力流动的带动作用要高于个体性较强的第三产业。原因之三是，在我国产业结构升级过程中，在产业间流动的劳动力大部分是从第一产业流向第二产业或第三产业中技术含量较低的行业，即托达多所描述的过渡阶段，之后劳动力从低级行业转向高级行业的过程相对困难，而后者更多地由第三产业增加值/第二产业增加值所反映。

如表 6.2 所示，地区收入水平（*WW*）系数不显著，说明在模型中相对收入的高低对劳动力流动并无明显的作用。其可能原因是，相对收入差距吸引劳动力在城市之间的流动，但我国目前的人口流动仍然以劳动力的城乡流动为主，城市之间的劳动力流动在全部人口流动中占比较小，所以相对收入并未产生预期的效果。表中人均消费成本（*LNCPI*）系数显著且为负，说明人均消费越高，流动成本也就越高，从而人口流入越少，总体上符合之前的假设。同作为流动成本的还有房价，然而模型中供房压力（*HW*）系数不显著，也就是说，供房压力并未对人口流动的最终结果产生影响。我们推测，这是因为具有强烈供房压力的城市数量在全部城市总数中占比很小，因此在以地级市为样本的人口流动影响模型中并未体现出来。失业率（*UNEMP*）系数在模型中不显著。尽管经济发展带动了高技术产业的发展，但到目前为止我国大部分企业仍然使用劳动密集型生产技术，因此即使存在失业，这些劳动密集型企业对劳动力仍然有较大的需求。因此，我们推测失业率在第一阶段劳动力流动中所产生的负向影响远不如劳动力需求所产生的正向影响。

表6.2　　　　　　　　　　生产性服务业与人口流动固定效应回归结果

变量		固定效应
PSRO(D1)	产业转移	23.1931 ** (2.01)
TSPRO(D1)	产业比例高级化	-0.0991 ** (-2.96)
WW	地区收入水平	-0.0163 (0.88)
LNCPI(D1)	人均消费成本	-0.2766 *** (-3.44)
HW(D1)	供房压力	-1.1801 (-1.13)
UNEMP	失业率	0.1424 (0.66)
LNEDU(D1)	教育水平	-0.9353 (-1.64)
LNMED(D1)	医疗便捷度	-0.1403 (-0.26)
LNGRE(D1)	绿化水平	-0.1139 (-2.74)
LNTRA(D1)	交通便捷度	-0.2412 (-3.03)
截距		0.1772 *** (8.34)
F 检验		P = 0.0000
Hausman 检验		P = 0.0000

注：括号内为 t 统计量。** 表示在 5% 的水平上显著，*** 表示在 1% 的水平上显著。

此外，模型中教育水平（LNEDU）、医疗便捷度（LNMED）、交通便捷度（LNTRA）、绿化水平（LNGRE）系数并不显著。也就是说，从模型来看，这四个正向影响因素均未对人口流入发挥带动作用。根据我们的合理假设，重视子女教育的家庭偏好教育水平较高的地区，重视就医环境的家庭倾向于选择就医更为方便的地区，交通便捷度和绿化水平则对流动家庭普遍具有吸引力。然而，模型的结果表明这四个因素没有在第二阶段体现出促进作用，说明传导机制在第二阶段运行并不顺畅。我们推测，原因之一在于我国流动人口中的大部分是从农村流出的劳动力，他们从事的工作大部分属于劳动密集型行业，这些工种获得的劳动报酬有限，即使能够支付个人在流入地的日常生活开支，也难以负担整个家庭迁至流入地的各项支出，因此传导机制运行在第二阶段受阻，而其他正向因素的作用也受到限制；原因之二在于大部分流入人口由于身份限制，不能享受该地区的社会福利，或者说，为了享受同等条件的社会资源，他们需要耗费比当前居民更大的成本。

第四节　小　　结

上述分析显示，我国产业结构升级对劳动力的带动作用没有得到充分发挥。这说明，在产业结构升级—劳动力流动—人口流动这一机制中，外在因素的影响不容忽视，因此难以得出符合这一机制的解释。其中，在产业结构升级—劳动力流动这一过程中伴随的劳动力异质性问题，使劳动力受教育程度对产业结构升级进程的影响不可忽视。虽然本书的研究显示教育水平对人口流入的带动作用短期内并不显著，但是提高劳动力的受教育程度不仅会加快产业结构高级化进程，而且还会促进产业结构软化。在短期内，由技术进步引发的产业结构升级会产生产业结构性失业，若劳动力无法满足新产业所需的技能，则劳动力流动必然会受到一定程度的阻碍，因此提高劳动力的受教育程度至关重要。

另外，由劳动力流动引发的人口流动过程中的群体效应、两个流动阶段所面临的成本差异，以及流入地本身的特性对该传导机制的运行也产生了不可忽视的影响。我国各省（区、市）的产业结构发展进程各不相同，应根据其自身产业结构发展情况，合理引导产业对劳动力流动人口的吸纳程度，促进人口流动，并在这一机制中形成良性循环。在传导机制运行过程中，第三产业增加值相对第二产业增加值的占比提高并没有对人口流动带来预期影响。这说明，我国的产业结构有待进一步优化升级，应当充分挖掘第三产业，尤其是生产性服务业对流动人口的带动作用，从而带动家庭流动。一方面，应重视第三产业的产业结构优化问题，合理推进产业结构高级化进程；另一方面，应加大第三产业的就业吸纳能力，使产业结构与就业结构协同发展，促使经济增长朝有利方向发展，提升经济发展质量和就业水平。在实现产业高级化过程中，一方面，应促进第二产业发展的成熟化、高级化，充分发挥第二产业对劳动力的吸纳作用，加快剩余劳动的转移；另一方面，应采取有效措施，对劳动力进行技术培训，减少劳动力在产业间流动的障碍，防止结构性失业加剧人口分布的不均衡。

　　由于产业转移对劳动力的带动作用非常显著，所以应当利用产业转移对劳动力的带动作用，引导产业在全国范围内经济有效分布，进而带动劳动力在空间内有序流动，减轻因区域经济差距导致的人口分布不均衡，以及资本高度集聚导致的过度竞争，以产业转移带动劳动力合理流动，促使资源在空间内合理分配，使经济发展质量得到提高。本书还发现，自改革开放以来，全国产业结构由以第一产业为主导向第二、第三产业为主导转移，产业结构得到一定程度的优化。但是，相较于产业结构演变，劳动力结构演变呈现滞后趋势，劳动力以第一产业为主导逐渐变为以第二、第三产业为主导。产业结构与就业结构的不协调性也会加大人口流动的成本。为此，应加大产业转移对劳动力的带动作用，合理优化各地区产业结构。同时，加快落后地区的建设，根据地区特色挖掘并培育优势产业，并通过加强现代金融、现代物流等新型服务业的发展，促进大城市多样化、中小型城市（镇）专业化发展，推进更有效率的区域分工。在此过程中，应减少城市对流动人口的限制，降低人口流动成本，降低户籍限制，提高劳动收入，加大基础设施建设力度，增强劳动力社会福利保障，加强人口流入动力，为劳动力流动——人口流动的进行提供合理保障，从而推动劳动力流动——人口流动这一阶段的顺利运行，最终实现人口在空间内合理、有序的流动。

第七章　生产性服务业创新与城乡
均衡发展：商业模式变革

　　根据国家统计局的数据，截至2018年，经过40年改革开放，我国经济社会发展取得了巨大的进步。GDP从1978年的3679亿元跃升至2018年的90多万亿元，占世界经济比重从1.8%提高到16%。人均GDP也从1978年的385元升至2018年的6.4万元，人均GDP排名从131名上升到76名。但是，进入新时代，我国面临新常态，存在着发展不平衡、不充分，发展质量和效益还不高，创新能力不够强等亟待解决的问题。发展不平衡、不充分集中体现为我国长期存在城乡二元结构。2017年，农村人均可支配收入不到城市的37%，农村人均消费水平不到城市的44%。此外，2017年，流动人口总量超过2亿人，外出农民工占了70%，导致农村发展失衡。如果不能及时解决城乡二元结构，必将影响全面小康、全面脱贫的顺利实现。

　　当前，基于互联网技术的服务业商业模式不断创新，为消解城乡二元结构提供了契机。新的服务业商业模式具有强化产业业态之间的联系、克服空间对要素流动的制约、加速要素流动、促进要素优化配置的作用。本书试图验证服务业商业模式创新能否加快我国城乡二元结构的消解，探索发挥产业新形态促进社会融合的相关对策。

第一节　问　题　提　出

　　如何解决我国城乡二元结构是政策制定者和学术界长期关注的问题。学术界从城乡二元结构的测度、形成的原因、影响等方面展开研究，并提出了大量的对策建议。关于二元结构的测度，主流方法是通过城乡收入差距来衡量，城乡收入差距主要体现为人均收入、收入增长速度、消费水平差距，以及储蓄水平差距。而从这几种数据可以看出，从新中国成立至 2009 年，人均收入差距呈波折上升，并在 2009 年达到最高，之后差距不断缩小；而消费水平差距从 1978 年以来一路上涨，并于 2003 年达到最高，之后在波折中下降，但这种缩小还没有达到城乡均衡的程度。2017 年，城乡收入比为 2.71（也就是说，城市人均可支配收入是农村人均可支配收入的 2.71 倍），而城乡消费差距比为 3.32。我国城乡二元结构的形成与我国的经济发展路径是分不开的。在新中国成立初期，为了提高我国的经济实力，政府选择了城市重工业优先发展战略（Kanbur and Zhang，2005），导致城市单方面控制了城乡政策的决策权（陆铭、陈钊，2004），造成对农业长时间的忽视，而这种忽视直接导致城乡二元结构的产生。

除此之外，我国的城乡二元结构的形成还有其他多方面的原因，如社会等级关系格局、财富分配的等级格局、农村资源与生产要素的流动性障碍格局、市场等级化格局与一系列战略、政策和社会安排（林光彬，2004），对经济可持续发展与综合实力的提高造成很大的负面影响。最明显的便是户籍制度。城市的容纳量是有限的，因此为了保护城市资源，当地政府会采取各种歧视性措施来保证城镇居民的权益。而户籍的存在导致我国城乡居民福利差距不断扩大（Roberts，1997；Solinger，1999），并且将城市与乡村的社会保障制度隔离开来，如在保障模式、管理体制以及保障水平等方面均存在明显的差异（杨翠迎，2004）。这些差异具体体现在劳动合同、工资、养老保险、医疗保险、失业保险以及工会参与等方面（姚先国、赖普清，2004）。这不仅是社会的不公，而且更进一步扩大了城乡居民的收入差距（Chen，2002），阻碍了经济改革的进一步深化，不利于城乡统筹发展。而不均衡的财政拨款与我国现在"三农"问题的存在有很大的关系（邓子基，2004），"三农"发展滞后直接导致我国内需不足，同时也是工农差距、城乡差距、阶层差距和地区差距日趋扩大的"失衡"现象的集中体现（顾益康、邵峰，2003）。城乡财政分配不均还导致我国出现大量农民工，致使乡村被城镇蚕食（陈映芳，2005）。在教育资源方面，城市偏向的教育经费投入政策是城乡之间教育水平差距的直接原因，而教育水平差异正是我国城乡收入差距最重要的影响因素（陈斌开、张鹏飞、杨汝岱，2010）。由于城乡二元结构的存在，为了自己以及后代生活得更好，青壮年不愿意生活在农村，大批人去往城市谋生。因此，新生代农民出现断层与农业效益低下、农民社会地位低以及农村落后的生活环境是分不开的（王迎春、张婧、王艳丽等，2013），越有能力的农民工越不愿返乡（Hare，1999）。再加上二元结构极大忽视了"人"的需求，即人口乡城流动的目的、意愿、能力等（尹虹潘、刘渝琳，2016），使年轻人愈发不愿意在乡村生活，从而进一步增大了城乡不均。

尽管我国在解决城乡二元结构的问题上进行了很多探索与实践，但依然存在许多问题。要想解决这些问题，必须将农村发展与产业发展相结合，进行商业模式创新。商业模式这个词源自英文"Business Model"，虽然这个词从 20 世纪 50 年代就已经出现，但直到 90 年代才开始被作为一门独立学科广泛研究。已有众多学者对商业模式的概念、结构体系与分类等进行了研究。随着互联网的出现，这个词也被赋予了新的含义。本书中的服务业商业模式创新主要是指伴随着互联网发展而出现的电子商务等新型服务业。电子商务是指以信息网络技术为手段，以商品交换为中心的商务活动。服务业商业模式的创新是改变城乡二元结构的关键。关于服务业商业模式创新对城乡均衡的影响的研究主要集中在以下几个方面：①城乡收入差距。服务业产业内贸易的发展能有效抑制收入差距的进一步扩大（刘渝琳、彭吉伟，2010），但细分行业全要素生产效率异质性、技术效率异质性与城乡收入差距呈正相关关系（肖挺、刘华，2013）。②促进就业。第三产业的发展能为进城务工人员创造很多就业机会（王雪丽，2010），并且能吸引农村劳动力回流，回乡创业，进一步缓解农民工的就业压力（王西玉、崔传义、赵阳，2003），并促进乡村经济发展，提高农村劳动力素质。③改善消费结构。生产性服务业的发展对城乡统筹的环境营造、产业集聚、城乡沟通、人才培养和增加消费等功能起着基础媒介和桥梁作用（王崇举，2008）。城镇居民的人均食品支出和医疗保健支出与生产性服务业存在负相关关系，而农村居民在文化娱乐、住房和杂项上的支出与生产性服务业之间呈正相关关系，家庭设备支出与现代服务存在负相关关系（梁向东、贺正楚，2013）。因此，生产性服务业商业模式的创新发展能有效改善城乡居民的消费结构，进而缩小城乡差距。

为了研究服务业商业模式创新对城乡二元结构的影响，以下将从城乡二元结构存在的问题出发，探讨服务业商业模式可以从哪些方面来影响城乡二元结构，并提出假设，最后建立模型来检验假设。

第二节　服务业商业模式变革影响城乡均衡发展的机理与假设

城乡二元结构是人类发展历史中难以绕过的一种社会状态，其形成原因十分复杂，比如社会制度、人文风俗、产业变迁等都会对其产生影响。经济活动集聚产生的外部性是企业与要素集聚的驱动力，进而形成的生产和生活聚集区又进一步强化了这种集聚外部性，这种不断自我强化的集聚效应（农村与农业难以产生这种集聚效应），使城市与农村地区的发展差距越来越大。这是造成城乡二元结构的重要原因。从 20 世纪 90 年代开始，互联网技术快速发展，对人类生产和生活方式的改变产生了巨大影响，特别是对产业形态和产业结构的影响巨大，尤其是服务业结构和商业模式。服务业商业模式创新带来了新的消费模式、生产方式，尤其是由此创造的平台经济、共享经济，有助于克服时空对要素流动、产业发展的约束，从而重新整合城乡之间空间隔离、产业发展不均衡的现状。比如阿里巴巴、京东等交易平台，基于现代物流的发展，城乡之间可以无差异共享供需信息，农产品可以在一个开放的市场环境中进行交易。不仅如此，产业链在产业生产和产业布局上得到延伸和裂变，衍生产业得以创造。对于农村而言，服务业商业模式创新为农村和农民提供了一个新的了解和接触世界的窗口，农村产业不再局限于农业产品，有了嵌入世界市场相关产业链的机会，从而走向与高端产业结合的路径。在这种创新驱动下，农村能扩大生产销售范围，摆脱区位劣势约束；能缩小与城镇人口在社会福利、教育、金融等方面的差距。服务业商业模式创新有利于解决城乡二元结构问题，为城乡均衡发展、经济长远发展创造机会。基于此，本书提出以下假设。

假设一：服务业商业模式创新能加速要素流通，促进城乡均衡。

服务业商业模式创新能从多方面促进要素流通，比如加速商务交易、引导公共服务与金融投资。在商务交易类方面，传统服务业受空间制约的影响较大，在大部分情况下，无论是买家和卖家，都只能进行面对面交易，而新型服务业削弱了区位约束，服务业商业模式的创新（如淘宝、京东等的出现）创造了一个共享平台。一方面，为卖家提供了一个面向大众展示自己产品的平台，扩大了市场；另一方面，丰富了买家的选择。对于农村居民而言，电子商务的出现与现代物流的完善将农产品与下游产业联系起来，丰富了产业链，降低了中间产品成本，为扩大农产品销售提供了可能。

假设二：服务业商业模式创新通过共享式教育，缩小城乡教育资源的不均衡。

在公共服务类方面，信息共享平台使信息的流通更为顺畅。这种信息共享能打破地理位置约束，对于经济发展水平不高、地理位置不够优越、基础设施不够完善等的农村而言显得尤为重要。农村居民在信息不够流通的年代，无论是工作还是生活方面，都大大落后于信息充足的城镇，极大地制约了农村的经济发展与农村人口综合素质的提高。服务业创新将信息带到农村，开阔了农村居民的眼界，激发了他们的好奇心。尤其是，远程教育等教育方式的创新给农村人口带来了极大的便利。农村一直以来都缺少优质教师资源，教学内容也十分单调，教育质量始终无法提高。互联网的普及为远程教育进入农村创造了条件。远程教育不仅能提高儿童基础教育教学内容的多样性与质量，而且能为成年人的继续教育贡献力量。他们不仅能在家学习各大名校的课程，而且还能自主选择自己需要的内容，从以前的被动接受变为自主吸收。

假设三：服务业商业模式创新能改善投资模式，促进城乡均衡。

农村经济发展离不开金融，以往由于资产或信用抵押、风险和收益等方面的原因，农民获得金融支持的难度大，制约了农村的发展。互联网金融的出现在一定程度上改变了这种状况，尤其是基于互联网的微型金融的出现，风险评估变得更为简洁，农民获得小额信贷的可能性极大增加。此外，农民投资习惯得到改善。长久以来，由于风险规避型的心理与金融知识的匮乏，比起投资，农民更倾向于储蓄。但是，互联网金融借助互联网强大的传播能力，增加了农民的金融知识，再加上手续的简化，进一步提升了农民的投资欲望，增加了投资渠道与方式以及起始资金，为农民扩大经营提供了可能。

假设四：服务业商业模式创新的虹吸效应有可能扩大城乡不均。

由于我国城乡二元结构的长期存在，城乡之间的差距在基础设施、公共服务等许多方面都极为明显。城市教育资源丰富，考虑到代际发展，为了子女获得更好的教育，以及农村养老设施不完善，农村优质人才选择向城市流动的欲望极为强烈，进而造成农村劳动力的大量流失，对农村发展产生不利的影响。而农村优质劳动力的流失还会导致资金等要素的流失，抽空农村产业发展动力。这种城市对农村要素的虹吸效应，由于服务业商业模式创新，会得到进一步强化，从而导致资源进一步集聚到城市，加重城乡不均。

以上假设表明，服务业商业模式创新是否有助于消解我国城乡二元结构存在不确定性，需要通过实证进行验证。

第三节　指标选取与数据描述

一、指标选取

本书将服务业商业模式创新的影响分为三类：商务交易类、公共服务类与金融投资类。按照影响力，本书选用电子商务发展程度、远程教育发展程度、互联网金融业发展程度作为代表来表示服务业商业模式的这三类创新；用城乡二元经济结构指数来衡量城乡二元结构差异。其中，电子商务发展程度由电子商务交易额表示，远程教育发展程度用远程教育交易额表示。电子商务交易额相关数据来自国务院，远程教育交易额相关数据来自中国产业信息网。由于数据获取难度太大，无法找到互联网金融的产值或者融资总额等数据，因此互联网金融业发展程度用金融业国内生产总值来表示，相关数据来自国家统计局。由于金融业国内生产总值的数目大于互联网金融生产总值，因此可能会高估互联网金融的影响。

对城乡二元结构的衡量，当前的研究主要使用两种方法。一是在陈宗胜提出的比较劳动生产率的基础上进行改良，构造二元生产率对比系数、比较劳动生产率差异与二元反差系数进行综合分析（周月书、王悦雯，2015；王颂吉、白永秀，2013）。二元生产率对比系数是指农业部门比较生产率和非农业部门比较生产率的比值；比较劳动生产率差异是城市比较劳动生产率与农村比较劳动生产率的比值；二元反差系数是指城市（或农村）产值比重与劳动比重之差的绝对数。其中，

农业部门比较劳动生产率 = 农业部门产值比重/农业部门劳动力比重

非农业部门比较劳动生产率 = 非农业部门产值比重/非农业部门劳动力比重

二是使用城乡收入差距进行衡量。城乡收入差距的衡量办法主要是两种：泰尔指数（王少平、欧阳志刚，2007）与基尼系数（王小鲁、樊纲，2005）。随着经济的发展，农业部门人口必然会向非农业部门转移，但这种转移并不一定与城镇人口的变化相一致。这种不一致会对城乡二元结构的测量产生一定的误差，因此比较劳动率与本章研究的重点有所偏颇。考虑到基尼系数对中等收入阶层的变化比较敏感，泰尔指数能更好地描述城乡两极收入的变化，而我国的城乡收入差距较大，因此本书选用泰尔指数来衡量城乡二元结构差异。本书的数据为国家层面的数据，以 tl_t 来表示 t 时期的泰尔指数，计算公式如下：

$$tl_t = \frac{\left| \left(\dfrac{p_{1,t}}{p_t} \right) \ln \left(\dfrac{\dfrac{p_{1,t}}{p_t}}{\dfrac{z_{1,t}}{z_t}} \right) \right|}{\left| \left(\dfrac{p_{2,t}}{p_t} \right) \ln \left(\dfrac{\dfrac{p_{2,t}}{p_t}}{\dfrac{z_{2,t}}{z_t}} \right) \right|} \tag{7.1}$$

其中，$j = 1$ 表示城镇地区，$j = 2$ 表示农村地区；z_j 表示城镇或农村人口数量；z_t 表示 t 时期的总人口；p_j 表示城镇或农村的总收入；p_t 表示总收入。

本书引入哑变量来处理服务业商业模式创新对城乡均衡发展的影响，即设定创新出现的时间点，该时间点以前没有这项创新，该变量为零。以淘宝出现的时间 2003 年作为商务交易类服务业创新的时间点，以支付宝出现的时间 2004 年作为金融交易类服务业创新的时间点。但考虑到影响的时滞性，因此分别以 2004 年与 2005 年作为这两类服务业创新开始的时间点。以远程教育龙头企业新东方集团的上市时间 2006 年作为公共服务类服务业创新的时间点，但由于数据的可获得性，只找到 2008 年以来的远程教育交易额的数据，因此以 2008 年作为公共服务类的产业的开始时间点，但可能存在低估的情况。本书控制变量选择的是与城乡收入差距有关的固定资产投资偏向（用城镇固定资产投资占全社会固定资产投资的比重表示）、产业结构因素（第一产业占 GDP 的比重）、经济干预因素（地方政府财政支出占 GDP 的比重）（武小龙、刘祖云，2014）。经综合考虑，数据的选取范围确定为 1989—2017 年。

二、数据描述

为了使表达更为简练，以下用 *TL* 表示泰尔指数，*AS* 表示城镇固定资产投资占全社会固定投资的比重，*PR* 表示第一产业占 GDP 的比重，*FI* 表示地方财政支出占 GDP 的比重，*EC* 表示电子商务交易额，*DS* 表示远程教育交易额，*BB* 表示金融业生产总值。

由表 7.1 可见，城乡之间泰尔指数的差距无论是从平均值，还是从最大值、最小值来看，差距都很显著；而从 *AS* 的平均值也能看出城镇在固定资产方面占据绝对的领导地位。从表 7.1 中还能看出，代表服务业创新的产业虽然发展时间不长，但发展十分迅速，电子商务交易额的最大值甚至能达到 29 万亿元。这种蓬勃发展的产业为经济发展注入了新活力，也为城乡均衡发展提供了契机。

表 7.1　　服务业商业模式创新与城乡均衡发展的变量描述性统计

变量	观测值	平均值	标准差	最小值	最大值
TL	31	1.691629	0.1327269	1.459783	1.95576
AS	31	0.8392117	0.0927968	0.7105931	0.9851
PR	31	0.1501935	0.0610352	0.076	0.266
FI	31	0.1407266	0.0460914	0.0799967	0.2199849
EC	14	96678.5	97313.57	9293	291600
BB	13	33576.89	19609	7469.5	65395
DS	10	873.48	462.2732	352	1733.9

从图 7.1 可以看出，城乡泰尔指数绝对值之比虽然在 1994 年、2009 年和 2013 年下降，但从 1987 年开始总体呈上升趋势，在 2017 年达到了 1.95。也就是说，城镇与农村相差将近一半。城镇固定资产占全社会固定资产的比重基本是稳步上升的，从 0.72 上升到 0.98。也就是说，2017 年全社会的固定资产

投资基本投向了城镇地区。从图 7.1 还能看出，第一产业占 GDP 的比重与地方财政支出占 GDP 的比重的变化趋势是相反的，第一产业占 GDP 的比重从 1987 年的 0.26 降到 2017 年的 0.076，而同期地方财政支出占 GDP 的比重从 0.18 上升到 0.21。

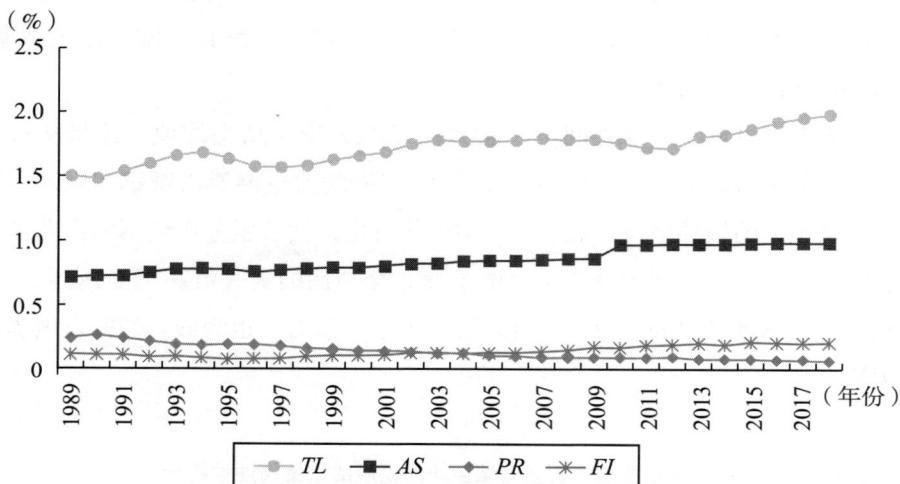

图 7.1　1989—2017 年城乡差距、城镇固定资产、第一产业、地方财政支出占比的时间变化趋势

资料来源：《中国统计年鉴》、国家统计局。

从图 7.2 可以看出，电子商务、金融业和远程教育三种产业的交易额均在稳步上升，尤其是电子商务交易额增长十分迅猛，而远程教育与金融业的发展速度相对平缓，其中远程教育发展较晚，规模较小。但从图中也能看出，远程教育和金融业具有巨大的发展潜力和空间。

三、协整检验

因为变量的方差差别大，因此将变量进行对数处理，然后对数据进行 ADF 协方差检验与 EG-ADF 协整检验，结果如表 7.2 所示。

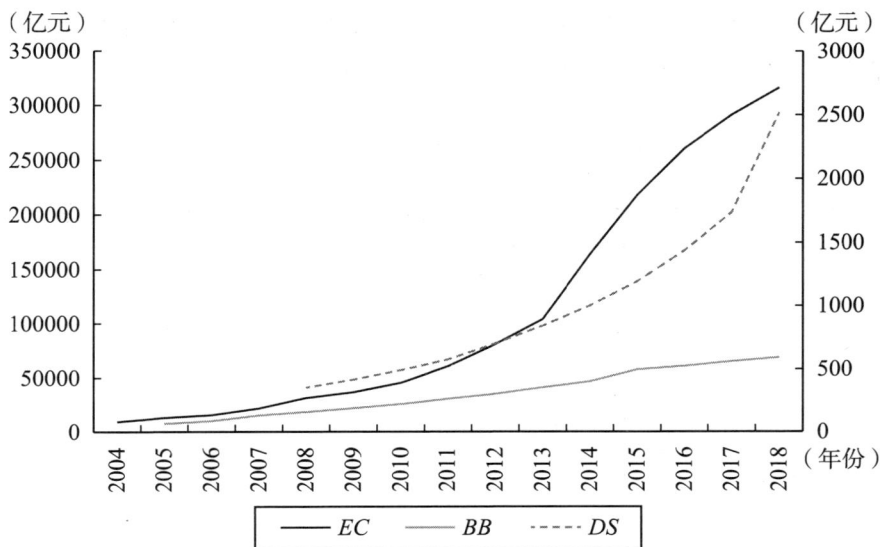

图 7.2　2004—2018 年电子商务、金融业、远程教育产值的时间变化趋势

资料来源：国务院、国家统计局、中国产业信息网。

表 7.2　　　　　　　　　　服务业商业模式创新与城乡均衡发展的
变量协方差检验与协整检验结果

变量	检验形式	P 值	ADF 值	结论
TL	(C, T, 0) (C, T, 1)	0.8585 0.0117	− 0.653 − 3.378 **	非平稳 平稳
AS	(C, T, 0) (C, T, 1)	0.8195 0.0000	− 0.799 − 4.948 ***	非平稳 平稳
PR	(C, T, 0) (C, T, 1)	0.8490 0.0000	− 0.691 − 5.876 ***	非平稳 平稳
FI	(C, T, 0) (C, T, 1)	0.9863 0.0309	0.548 − 3.045 **	非平稳 平稳
EC	(C, T, 0) (C, T, 1)	0.7914 0.0559	− 0.889 − 2.817 *	非平稳 平稳
BB	(C, T, 0) (C, T, 1)	0.0005 0.0612	− 4.252 *** − 3.331 *	平稳 平稳
DS	(C, T, 0) (C, T, 1)	0.9984 0.0030	1.844 − 3.792 ***	非平稳 平稳

注：*、**、*** 分别表示在 10%、5%、1% 的水平上拒绝非平稳的原假设。

　　从表 7.2 可以看出，原序列为非平稳序列，但是一阶差分后平稳，即以上变量均为单整 I(1) 过程，因此接下来用 Johansen 检验协整关系，如表 7.3 所示。

表 7.3　　　服务业商业模式创新与城乡均衡发展的变量 Johansen 协整检验结果

Johansen 协整检验

协整秩	特征值	迹检验	5%临界值	最大特征值检验	5%临界值
0	352. 74	355. 12	136. 61	127. 5337	48. 45
1	416. 50444	227. 5881	104. 94	90. 0433	42. 48
2	461. 52607	137. 5448	77. 74	54. 6301	36. 41
3	488. 84114	82. 9147	54. 64	41. 1585	30. 33
4	509. 4204	41. 7561	34. 55	23. 7362 *	23. 78
5	521. 28851	18. 0199 *	18. 17	14. 3061	16. 87
6	528. 44155	3. 7138	3. 74	3. 7138	3. 74
7	530. 29848				

Var 表示法

Lag	LL	LR	P	FPE	AIC	HQIC	SBIC
0	144. 487			3. 9e − 14	− 10. 999	− 10. 90	− 10. 66
1	357. 386	425. 8	0. 000	9. 4e − 20	− 24. 1109	− 23. 35	− 21. 38
2	494. 761	274. 75	0. 000	2. 5e − 22	− 31. 18	− 29. 76	− 26. 06
3	2496. 98	4004. 4	0. 000	9. 6e − 88 *	187. 42	− 185. 36	− 179. 93
4	5123. 68	5253. 4 *	0. 000		− 395. 89 *	− 393. 53 *	− 387. 36 *

　　注：＊表示在 10% 的水平上拒绝非协整的原假设。

　　从迹检验与最大特征值检验可以看出，原序列至少存在四个协整关系；而从 AIC、HQIC、SBIC 三种准则中可以看出，模型的最优滞后阶数为四阶。因此，以下将采用误差修正模型（VECM 模型）的方法来分析服务业商业模式创新对城乡均衡发展的影响。

第四节　协整分析

一、长期均衡关系

将原序列滞后四阶后，对第一个协整向量做正则化处理，可得出协整关系如下：

$$\ln TL = -10.0106 - 28.4351\ln AS - 6.6653\ln PR - 2.4600\ln FI$$
$$(26.06)^{***} \quad (22.44)^{***} \quad (11.03)^{***}$$
$$-1.011897D_1\ln EC + 10.7901D_2\ln BB + 0.3284D_3\ln DS \quad\quad (7.2)$$
$$(7.90)^{***} \quad\quad (-8.79)^{***} \quad\quad (-15.58)^{***}$$

$$D_1 = \begin{cases} 0, & t \leqslant 2003 \\ 1, & t \geqslant 2004 \end{cases}, \quad D_2 = \begin{cases} 0, & t \leqslant 2004 \\ 1, & t \geqslant 2005 \end{cases}, \quad D_3 = \begin{cases} 0, & t \leqslant 2007 \\ 1, & t \geqslant 2008 \end{cases}$$

括号中的数字表示各个系数的 t 统计值，$***$ 表示在 1% 的显著性水平下拒绝系数为 0 的原假设。有关检验变量之间的格兰杰因果关系，如表 7.4 所示。

表7.4　　　　　　　　　　　　　　格兰杰因果检验

变量	原假设	P 值	是否有因果关系
TL 与 AS	AS 不是 TL 的格兰杰因	0.658	否
	TL 不是 AS 的格兰杰因	0.058	是
TL 与 PR	PR 不是 TL 的格兰杰因	0.005	是
	TL 不是 PR 的格兰杰因	0.017	是
TL 与 FI	FI 不是 TL 的格兰杰因	0.000	是
	TL 不是 FI 的格兰杰因	0.000	是
TL 与 EC	EC 不是 TL 的格兰杰因	0.000	是
	TL 不是 EC 的格兰杰因	0.200	是

变量	原假设	P 值	是否有因果关系
TL 与 BB	BB 不是 TL 的格兰杰因	0.000	是
	TL 不是 BB 的格兰杰因	0.772	否
TL 与 DS	DS 不是 TL 的格兰杰因	0.000	是
	TL 不是 DS 的格兰杰因	0.354	否

从格兰杰因果关系检验可以看出，除了城镇固定资产投资外，选取的向量均为城乡泰尔指数之比的格兰杰因，再结合协整关系的公式，可以得出以下分析结果：

（1）第一产业的发展与财政支出的增加能缩小城乡二元差距。第一产业长期以来作为乡村的支柱产业，其发展对于农村而言具有十分重要的作用。第一产业的增加能显著增强农村的经济实力，促进城乡均衡发展。而财政支出的增加能有效提升农村基础设施，改善农民生活条件，促进新农村建设，在一定程度上起到留住人才或吸引人才回流的作用。

（2）电子商务的发展能缩小城乡二元差距。电子商务能延长农业产业链，加速农民向微笑曲线的两端转移。在电子商务诞生之前，农民受限于市场信息，农产品销售限制在几小时的车程运输范围内，造成农产品类型与销售渠道单一，严重制约了乡村可持续发展。而电子商务为农民提供了一个无限大的外在市场，这个市场信息透明而有效。与此同时，电子商务强制性地要求农民参与产业链上的加工与售后环节，进一步完善农业产业链，为乡村自主发展提供了新的驱动力。由此可以看出，服务业商业模式的创新有利于要素流通，不仅能促进要素在乡与乡之间的流转，而且能促进要素在城乡之间的流通。

（3）金融业的发展会扩大城乡二元差距。金融业要求从业人员对金融知识有充分的了解，并且对金融市场的变化非常敏感。而农民不仅缺乏了解金融知识的渠道，也没有足够的金融素养。此外，农民由于收入水平低、缺乏抵抗风险的能力，基本上属于投资风险厌恶型，不仅难以获得融资支持，也不愿意主动寻求融资。金融业发展造成的城镇虹吸效应十分明显，对城乡均衡发展造成的负向作用比较明显。从模型中可以看出，金融业的系数明显大于电子商务与远程教育。服务业在投资模式上的创新没能促进城乡均衡发展，反而加剧了城乡发展差距的趋势。

（4）远程教育的发展对缩小城乡差距的作用不明显。一般来说，教育资源投入的增加能提升该地区的收入水平，但可能因为教育回报的滞后性，以及在年龄方面的边际递减作用，本书实证没有发现远程教育对农民收入的正面影响。其原因在于，现阶段我国的远程教育发展可能还远远不够，农村居民通过远程教育获得知识的能力及条件也不足，相应效应难以显示。因此，服务业商业模式创新在共享式教育方面对城乡均衡发展的作用很微弱。

二、短期均衡关系

以上分析的是各变量之间的长期均衡关系，下面分析变量之间的短期均衡关系。设变量之间存在协整关系：

$$\Delta \ln TL_t = \alpha_0 + \lambda CEL_{t-1} + \sum_{i=1}^{p} \gamma_i \Delta \ln AS_{t-i} + \sum_{i=1}^{p} \varphi_i \Delta \ln PR_{t-i}$$

$$+ \sum_{i=1}^{p} \omega_i \Delta \ln FI_{t-i} + D_1 \sum_{i=1}^{p} \varphi_i \Delta \ln EC_{t-i} + D_2 \sum_{i=1}^{p} \tau_i \Delta \ln BB_{t-i}$$

$$+ D_3 \sum_{i=1}^{p} \delta_i \Delta \ln DS_{t-i} + \xi_T \tag{7.3}$$

$$D_1 = \begin{cases} 0, & t \leq 2003 \\ 1, & t \geq 2004 \end{cases}, \quad D_2 = \begin{cases} 0, & t \leq 2004 \\ 1, & t \geq 2005 \end{cases}, \quad D_3 = \begin{cases} 0, & t \leq 2007 \\ 1, & t \geq 2008 \end{cases}$$

根据 VECM 模型估计结果，可得出对应的误差修正模型：

$$\Delta \ln TL_t = -0.0024 - 0.6785 EC_{t-1} - 0.8105 \Delta \ln TL_{t-1} + 0.3067 \Delta \ln TL_{t-2}$$
$$\qquad\quad (0.73) \qquad (1.01) \qquad\quad (-0.38) \qquad\qquad (1.25)$$

$$\qquad - 0.3581 \Delta \ln TL_{t-3} + 0.3460 \Delta \ln AS_{t-1} - 0.1221 \Delta \ln AS_{t-2}$$
$$\qquad\quad (-1.05) \qquad\qquad (0.48) \qquad\qquad (-0.46)$$

$$\qquad + 0.2477 \Delta \ln AS_{t-3} - 0.0170 \Delta \ln PR_{t-1} - 0.0734 \Delta \ln PR_{t-2}$$
$$\qquad\quad (1.27) \qquad\qquad (-0.13) \qquad\qquad (-0.3)$$

$$\qquad + 0.0772 \Delta \ln PR_{t-3} + 0.2463 \Delta \ln FI_{t-1} + 0.0460 \Delta \ln FI_{t-2}$$
$$\qquad\quad (0.34) \qquad\qquad (2.3)^{**} \qquad\qquad (0.63)$$

$$\qquad - 0.0607 \Delta \ln FI_{t-3} - 0.0517 D_1 \Delta \ln EC_{t-1} - 0.0158 D_1 \Delta \ln EC_{t-2}$$
$$\qquad\quad (-0.85) \qquad\qquad (-1.02) \qquad\qquad (-0.11)$$

$$-0.1376D_1\Delta\ln EC_{t-3}+0.1633D_2\Delta\ln BB_{t-1}+0.1389D_2\Delta\ln BB_{t-2}$$
$$(-0.63)\qquad\qquad(0.11)\qquad\qquad(0.62)$$

$$+0.0006D_2\Delta\ln BB_{t-3}-0.0065D_3\Delta\ln DS_{t-1}-0.0059D_3\Delta\ln DS_{t-i}$$
$$(0.13)\qquad\qquad(-0.58)\qquad\qquad(-0.85)$$

$$-0.0081D_3\Delta\ln DS_{t-l}\tag{7.4}$$
$$(-0.41)$$

$$D_1=\begin{cases}0,\ t\leqslant2003\\1,\ t\geqslant2004\end{cases},\ D_2=\begin{cases}0,\ t\leqslant2004\\1,\ t\geqslant2005\end{cases},\ D_3=\begin{cases}0,\ t\leqslant2007\\1,\ t\geqslant2008\end{cases}$$

括号中的数字表示各个系数的 t 统计值，** 表示在 5% 的水平上显著，误差修正项 $EC_{t-1}=\ln TL+10.0106+28.4351\ln AS+6.6653\ln PR+2.4600\ln FI+1.011897D_1\ln EC-10.7901D_2\ln BB-0.3284D_3\ln DS$。此实证模型的拟合系数为 0.93，拟合程度很高。从误差修正模型可以看出，城乡泰尔指数之比差分的一阶滞后当期呈负向影响，而二阶滞后呈正向影响，三阶滞后又呈负面影响。这表明我国城乡泰尔指数存在一年期的惯性，但作用力不强。与长期均衡不同的是，第一产业占比虽然在一阶滞后与二阶滞后仍对泰尔指数之比呈负向影响，但三阶滞后呈正向影响。地方财政支出在一阶、二阶对城乡泰尔指数之比呈正向影响，三阶呈负向影响。电子商务与金融业的长期影响一致，而远程教育则完全相反，说明远程教育的影响存在滞后现象。

第五节　小　　结

城镇作为地区发展的政治中心和经济中心，在资金、区位与劳动力素质等方面具有更多的优势，再加上较多生产要素的高度集聚，在发展生产性服务业时可调用的资源丰富。而农村在资源与人口素质等方面较为匮乏，生产性服务业缺乏产业链整合，生产的产品附加价值低，在市场中竞争力明显较弱。新型城镇化作为一个综合发展体系，在下一步发展中必然要将农村发展问题纳入考虑范围。本章使用 VECM 模型分析生产性服务业与信息化变量之间的长期均衡与短期均衡后发现，不同类别的服务业商业模式创新对城乡结构的影响有所不同。需要信息快速流通、保证产品市场曝光率的商务交易类（如电子商务等行业）的发展能扩大农村产品的销售市场，提高销售额，从而缩小城乡收入差距，促进城乡均衡发展。而对基础设施依赖性强、知识要素要求高的公共服务类与金融投资类行业，由于乡村公用设施的不完备以及农民专业知识普及率低，会扩大城乡收入差距，加剧城乡二元结构。因此得证，假设一与假设四得到实证支持，假设二与假设三和现实发展不一致。

根据此研究结果，为了充分发挥生产性服务业创新的作用，通过信息传导与要素整合，促进城乡均衡发展，加快新型城镇化进程，未来还应进一步结合我国乡村的实际情况，制定合适的政策。要素流转是农民收入增长的重要源泉，不仅能促进农村经济增长，更为重要的是，可以打破农村的封闭式格局，将乡村发展与城镇化发展融合在一起，改善城乡关系，消解城乡二元结构。因此，应加快农村地区产业链整合，探索适合农村的产业发展之路，比如加大电子商务、现代物流等现代服务业与农业的融合度，整合农业生产、采购、包装、运输、售后等，提高特色农产品知名度，拓宽农产品销售范围，利用农业自主生产的优势，形成农业的竞争优势，使农民能从农业全产业链上获得更高的收入，并借由曝光率的增加来寻求对外销售的可能途径。政府应加大农村基础设施建设力度，建立奖励基金来鼓励农民回乡发展，通过资本回流，带动农村产业转型升级。通过小微信贷等互联网金融的支持，建立相对完善的"三农"融资渠道，向政策性银行派发宣传任务，降低农业人员对金融产品的抵触心理，尤其是建立农民的信用体系、土地要素使用权的质押等，保障"三农"资金的可获得性，以金融发展促进城乡均衡发展。加快信息流通平台建设，提高平台宣传力度，最大限度保障城乡信息对等。政府应加大农村公共服务建设投入。乡村由于地势原因与利润因素，在农村生活基础设施、教育资源、通信基础设施方面仍有较大改进空间，因此政府的倾向性投入十分必要，可以通过国家牵头、企业跟进的方式，将农村道路更深地嵌入国家主要交通干路，加大"三支一扶""大学生支教"等基层工作的鼓励力度，引导更多高素质人才回流。

第八章 服务化与信息化融合：提高生产性服务业供给能力

生产性服务业对产业升级、产业结构和城乡结构变动有重要影响，如何进一步促进生产性服务业的发展十分重要。因此，探讨影响生产性服务业本身的发展因素是必要的。

为了实现经济发展转型，我国在"十二五""十三五"期间均把信息化作为重要的实施手段，并提出了工业化和信息化融合发展的思路。在中央政治局第十八次集体学习中，习近平总书记指出，要推动区块链与实体经济深度结合，探索"区块链＋"在民生领域的运用，为人民群众提供更加智能、更加便捷、更加优质的公共服务。2019年12月召开的中央经济工作会议中提到，要更多依靠市场机制和现代科技创新来推动服务业发展，推动生产性服务业向专业化和价值链高端延伸，推动生活性服务业向高品质和多样化升级。2020年5月22日，国务院总理李克强在第十三届全国人民代表大会第三次会议上所做的政府工作报告中提出推动制造业升级和新兴产业发展，强调发展工业互联网，推进智能制造，发展研发设计、现代物流、检验检测认证等生产性服务业；电商网购、在线服务等新业态在抗疫中发挥了重要作用，要继续出台支持政策，全面推进"互联网＋"，打造数字经济新优势。因此，生产性服务业发展既是经济转型的必要基础，又与信息产业紧密相关。我国服务业，特别是生产性服务业水平，与发达国家之间的差距还比较大。如何依托信息产业和信息化的推进，通过生产性服务业的快速发展实现产业顺利转型升级，是当前值得考虑的一个问题。

第一节　问题提出

自 20 世纪 90 年代开始，信息技术对人类社会发展产生的巨大影响日益凸显。以美国为例，因为信息技术及其带动的服务业的发展，美国与欧盟的劳动力人均产出水平差距从 1995 年的 1.8% 扩大到 2004 年的 9.8%（Jorgenson et al.，2008）。2020 年 6 月，第 127 届中国进出口商品交易会（广交会）在网上举办，会议运用先进信息技术提供一系列便捷服务，打造优质特色商品的线上外贸平台，可以做到让中外商客足不出户下订单、做生意。

学者们对信息技术如何促进社会经济发展进行了深入研究。信息通信部门能有效带动其他产业发展（Nardelli，2012）。雷森迪（Resende，1999）从国家层面分析了信息化与经济增长之间的关系。施赖尔（Schreyer，2000）认为，信息通信技术对经济增长的影响体现在两个方面：信息产品本身是 GDP 的一部分，也是一种能提高生产率的资本投入；信息化还通过溢出效应和外部性促进经济增长。比格斯塔德和拉内斯泰特（Bygstad and Lanestedt，2009）强调了信息技术在组织中的发展和运用存在溢出和外部性。"邻近"企业能通过学习、网络效应和培育高技术劳动力蓄水池来引导更多企业应用信息技术（Van Reenen et al.，2016）。信息基础设施的外部性对整个区域经济具有间接效应，作为资本投入的信息通信技术能与其他资本（如金融资源）和劳动（人力资源）等相结合来进行生产（Yilmaz，Haynes and Dinc，2002）。

当前文献也认识到信息化投资对区域增长路径的分化作用。有人认为，地区经济在信息化推动下会更加集聚（Salomon，1996）。这些分析从供给侧进行阐述，认为信息基础设施的建设能自动产生需求。但是，信息化发展还受需求的制约。莫塞克（Mosaicc，1997）分析了信息化对农村和外围地区发展的影响，特别是人口比较少、经济上处于边缘且更为贫穷的地方，其社会经济网络更弱，面临信息技术需求不足的问题。这反过来又延缓了新服务的产生和发展。低水平信息化对经济绩效的负面动态效应会产生有害的劣势累积循环（Eduardo and Chris，2003）。一是因为大规模基于信息通信技术的网络是与信息相关的服务消费增长的基本条件，而农村和外围地区缺乏这样的条件

（Richardson and Gillespie 1996）。二是信息化存在替代和互补效应。当替代效应（减少人们对物理邻近的需要）大时，信息技术服务需求在外围和人口相对少的地区更大；当互补效应（信息化降低了人们保持已有关系的成本）大时，中心和人口多的地区的需求更大。科尔科（Kolko，1999）分析了城市规模与因特网密度之间的关系，指出替代效应使两者之间为负向关系，互补效应导致城市规模和因特网之间为正向关系。

　　一些文献从信息技术影响交易成本，进而影响决定经济活动是集聚还是分散的集聚经济和拥堵成本这两个相反的力量来分析其作用。迪朗东和普加（Duranton and Puga，2005）认为，信息化使生产环节空间分散，从而使管理和总部功能在大都市快速集聚，制造环节趋向集聚在更小的城市。不过，也有人认为信息化并不必然促进经济活动集聚，它有可能导致城市分散、城市郊区化（Leamer and Storper，2001）。信息技术对不同产业的空间变动影响不同。范里宁等人（Van Reenen et al.，2016）对英国的信息技术和空间集聚的分析显示，信息技术与制造业集聚负相关，与服务业集聚正相关。

　　国内学者也在密切关注信息化在我国经济发展中的作用。学术界已达成共识，认为信息化是实现我国产业结构跨越式升级的有力杠杆（杜传忠、马武强，2003）。一些学者从信息化与工业化融合发展的角度，分析了信息化在国民经济中的作用（谢康、肖静华、乌家培，2009）。信息化与生产性服务业之间的关系越来越受到关注。盖爽、岑咏华（2002）提出，在产业信息化大力发展的情况下，传统信息服务业的发展严重落后。郭怀英（2008）指出，信息化是推动生产性服务业快速发展的关键。卢锐（2006）认为，服务业竞争力提升是以服务业信息网络建设为基础的，想要充分发挥信息化的整体效应，就必须建设先进的信息网络。陈建华（2010）提出，通过产业信息化与产业结构的不断优化，生产性服务业发展成为经济发展的重要力量。王耀中、张阳（2009）提出，信息化具有提高服务业发展水平的内在机制，信息技术凭借超越传统技术的优势，能够极大地推动生产性服务业的发展。梁向东、潘杰波和吴艳（2013）指出，从短期来看，现代服务业对信息化的促进作用没有显现出来，但从长期来看，信息产业和生产性服务业具有自增强效应，其影响逐步放大，这意味着两者协同发展趋势值得期待。

　　不同地区的信息化程度不同，对服务业的促进程度也不相同。张辽、王俊杰（2018）基于信息工业化与工业信息化视角，对制造业两化融合水平进行测度和分析，发现两化融合水平总体呈"东高，中西低"的静态分布特征。张劲（2010）基于西部地区农业信息化与工业化的融合发展，分析得出两者结合有利于刺激服务业快速发展。余东华（2018）基于 30 个省级面板数据提出，信息技术在生产性服务业聚集的地区的融合程度越高，越有利于提高当地的经济水平。

　　目前，对信息化讨论较多的有"互联网＋"与大数据，大数据与服务业相结合也是目前研究的重点。吴标兵等（2015）提出，在信息的搜索、传递、计算和处理方面，大数据可以强化和完善科技服务业的区域服务、产业服务功能，而大数据是服务业产业结构升级、效率提高的重要手段。曾世宏、高亚林（2016）提出，信息传播打破了以往的主观弊端和遗漏风险，使即时性和互动性大大增强，信息资料能够得到充分利用，从而推动服务业转型升级。马晨、李瑾（2018）提出，以互联网为代表的新一代现代化信息技术不仅是传统农业服务业升级改造的新引擎，而且对于全面提高服务质量、降低交易成本、创新服务产品、开拓服务市场具有关键性的推动作用。辛本禄、王今（2018）提出，融合模式的生产性服务业信息服务能够有效结合大数据时代的信息化需求，通过处理技术能够得到更有效的数字信息，可以进一步提高生产效率并实现生产智能化。

　　从当前的文献来看，信息化对地区经济的影响还有几点需要进一步深化。文献在信息化影响地区经济发展方面还存在分歧，尤其是区域经济增长可能会因为信息化而分化。这是因为信息化导致经济活动向大都市集聚，相对落后地区的经济发展有可能面临更大的竞争压力。就我国而言，更多的文献关注信息化与工业部门的融合问题。尽管有学者已认识到信息化与生产性服务业发展之间的关系，但信息化与生产性服务业共生性问题还有待深入研究。而且，与一般物质资本投资相比，信息技术投资对需求冲击的反应更快（Van Reenen et al.，2016）。我国信息技术投资对需求冲击的反应并没有呈现这种情形，在经济高速增长中，信息化发展还不能令人满意，尤其是生产性服务业与信息化协同发展存在一定问题。为了在经济转型战略中进一步发挥信息化的作用，基于已有研究，本书认为应该从信息化和生产性服务业之间的内在联系来寻找答案。

　　本章首先给出信息化测度体系，并以此衡量信息产业发展程度，然后对信息化下生产性服务业产业融合进行实证分析，找出两者协同发展存在的问题，最后就如何加快促进生产性服务业和信息化的发展提出相关对策建议。

第二节　信息化发展水平指标体系

　　本书基于国家工信部设计的信息化指标体系来衡量信息产业发展水平，并根据数据的可得性及合理性，对一些指标进行了调整。体系包括二级指标6个，分别是信息资源开发利用、信息网络建设、信息产业发展、信息技术应用、信息化人才、信息化政策；以及三级指标22个（见表8.1）。本书认为，可以对各三级指标平均赋权，其结果影响不大。采用从各年《中国统计年鉴》《中国电子信息产业统计年鉴》，以及中国经济数据库和国研网等获得的数据，对我国2000—2017年各年的信息化发展情况进行测度，计算信息化总体发展指数。分析结果显示，我国信息化水平有了极大的提升，2018年的信息化指数相较2000年上升了近8倍（见图8.1）。

表8.1　　　　　　　　　　信息化指数测度体系

一级指标	二级指标	三级指标
信息化 指数 X	信息资源 开发利用 x1	每万人图书杂志报纸总印张数（万印张）
		每万人平均每日广播电台电视节目播出时间（小时）
		每万人邮电业务总量（亿元）
	信息网络建设 x2	广播人口覆盖率（%）
		电视覆盖率（%）
		固定电话普及率（%）
		移动电话普及率（%）

一级指标	二级指标	三级指标
信息化指数 X	信息产业发展 x3	信息产业增加值占 GDP 的比重（%）
		第三产业增加值占 GDP 的比重（%）
		每万人专利授权数（项）
		高新技术产业增加值占 GDP 的比重（%）
		第三产业从业人员占全部社会劳动人数的比重（%）
	信息技术应用 x4	每千人局用交换机容量（门）
		每百户家用电脑拥有量（台）
		每百人固定电话用户数（户）
		每百户移动电话用户数（户）
		每万人拥有互联网用户人数（人）
	信息化人才 x5	每万人在校大学生人数（人）
		每万人拥有科技活动人员数（人）
		教育经费占 GDP 的比重（%）
	信息化发展政策 x6	研发经费占 GDP 的比重（%）
		信息产业固定资产投资占全社会固定资产投资的比重（%）

注：各二级指标权重分配：信息资源开发 18%，信息网络建设 16%，信息技术应用 18%，信息产业发展 18%，信息化人才 14%，信息化发展政策 16%。

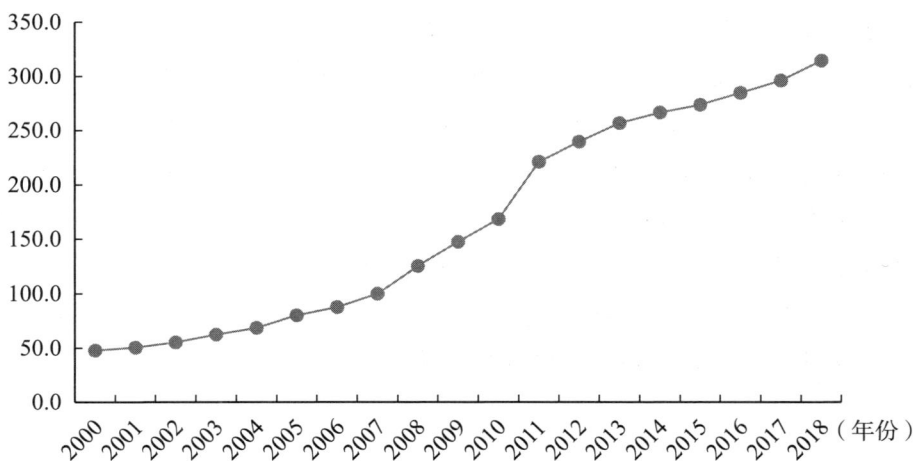

图 8.1　2010—2018 年信息化指数

资料来源：《中国统计年鉴》《中国电子信息产业统计年鉴》，中国经济数据库，国研网。

第三节　信息化与生产性服务业发展的实证分析

为了把握信息化与生产性服务业发展之间的关系，本书从两个角度进行分析：一是从信息产业在服务业内的前后向联系效应来考察信息化下服务业产业融合发展情况；二是分析生产性服务业发展指数和信息化指数之间关系，确切把握两者之间存在的相关性。

一、信息产业行业内前后向联系测度

（一）信息产业的后向联系

我们用影响力系数测度内部某一行业单位最终需求对其他行业的拉动程度，通常影响力系数越大，该行业对其他行业的拉动作用越大。影响力系数的计算公式如下：

$$\delta_j = \frac{\sum\limits_{i=1}^{n} \bar{b}_{ij}}{\frac{1}{n} \sum\limits_{j=1}^{n} \sum\limits_{i=1}^{n} \bar{b}_{ij}} \tag{8.1}$$

其中，δ_j 表示第 j 产业的影响力系数；$\bar{b}_{ij}$ 表示第 i 部门对第 j 部门的完全分配系数。由于我国投入产出表一般五年编制一次，故本书基于 2007 年编制的投入产出表的相关数据来计算信息产业在服务业内的前后向联系。

由表 8.2 看出，我国的研究与试验发展，卫生、社会保障和社会福利，综合技术服务，租赁和商务服务，文化、体育和娱乐，公共管理和社会组织，居民服务和其他社会服务这些行业的影响力系数均大于 1。其中，研究与试验发展最高，表明其影响力高于社会平均影响力系数，对国民经济发展有较大的带动作用。而信息产业主体的信息传输、计算机服务和软件的影响力系数仅为0.89，表明其对其他行业的拉动作用低于行业平均水平。

表 8.2　　　　　　　　　**我国生产性服务业内部行业影响力系数**

排名	行业	影响力系数	排名	行业	影响力系数
1	研究与试验发展	1.29	7	居民服务和其他社会服务	1.01
2	卫生、社会保障和社会福利	1.17	8	金融	0.93
3	综合技术服务	1.08	9	信息传输、计算机服务和软件	0.89
4	租赁和商务服务	1.07	10	教育	0.86
5	文化、体育和娱乐	1.02	11	房地产	0.75
6	公共管理和社会组织	1.01	12	水利、环境和公共设施管理	0.64

（二）信息产业的前向联系

感应度系数是指，当国民经济中某一行业每增加一个单位最终产品时，行业内部某一部门的需求敏感程度。一般而言，感应度系数越大，意味着该部门受国民经济各部门的影响程度也越大。其计算公式如下：

$$\theta_i = \frac{\sum\limits_{j=1}^{n} \bar{q}_{ij}}{\dfrac{1}{n}\sum\limits_{i=1}^{n}\sum\limits_{j=1}^{n} \bar{q}_{ij}} \tag{8.2}$$

其中，θ_i 表示第 i 产业部门的感应度系数，$\bar{q}_{ij}$ 表示第 j 部门对第 i 部门的完全消耗系数，即里昂惕夫逆矩阵中第 i 行第 j 列的系数。

由表 8.3 可以看出，在我国生产性服务业内部各行业中，信息产业感应系数大于 1，表明其他产业的发展能有效促进信息产业发展，即生产性服务业对信息产业的推动作用是明显的。从前后向关联分析可知，生产性服务业各行业能明显促进信息产业的发展。然而，信息产业的引领作用还需要进一步发挥。当然，这里只是用信息产业来分析，还不能从总体上说明信息化和生产性服务业存在这样的关联。

表 8.3 我国生产性服务业内部行业感应度系数

排名	行业	感应度系数	排名	行业	感应度系数
1	租赁和商务服务	1.39	7	文化、体育和娱乐	0.88
2	金融	1.33	8	水利、环境和公共设施管理	0.84
3	综合技术服务	1.28	9	卫生、社会保障和社会福利	0.73
4	信息传输、计算机服务和软件	1.15	10	房地产	0.71
5	研究与试验发展	1.04	11	教育	0.65
6	居民服务和其他社会服务	0.92	12	公共管理和社会组织	0.59

二、信息化与生产性服务业之间关联度分析

为了研究信息化与生产性服务业之间的关系，本书首先对两个变量进行格兰杰因果检验。检验表明，两者存在互为因果的关系（见表 8.4），因此可以用 VAR 进行分析，计量分析全部采用 EViews6.0（见表 8.5）。经运算，可得滞后两期的模型。式（8.3）显示，对信息化而言，其本身就有自增强的特征，而生产性服务业对信息化的影响相对小一些，即生产性服务业增长 1 亿元，信息化水平在滞后两期才显示出 3% 的提高。式（8.4）表明，信息化水平对生产性服务业的促进作用较大，并远大于生产性服务业整体自身的影响。

表 8.4 生产性服务业与信息化格兰杰因果检验

零假设	样本数	F - 统计量	伴随概率
生产性服务业不是信息化的格兰杰因	17	7.99512	0.0255
信息化不是生产性服务业的格兰杰因	17	3.11408	0.1210

表 8.5 生产性服务业与信息化 VAR 分析结果

变量	IMF	SERVICE
IMF(−1)	0. 154187 (0. 39428) [0. 39106]	6. 496119 (6. 65620) [0. 97595]
IMF(−2)	0. 571992 (0. 34316) [1. 66684]	− 1. 967554 (5. 79316) [− 0. 33963]
SERVICE(−1)	− 0. 006384 (0. 02834) [− 0. 22522]	0. 876339 (0. 47849) [1. 83149]
SERVICE(−2)	0. 028920 (0. 03117) [0. 92779]	0. 150243 (0. 52622) [0. 28552]
C	34. 65869 (18. 1975) [1. 90459]	− 457. 7703 (307. 206) [− 1. 49011]

$$imf = 0.15imf(-1) + 0.57imf(-2) - 0.006service(-1)$$
$$+ 0.03service(-2) + 34.7 \tag{8.3}$$

$$service = 6.5imf(-1) - 1.97imf(-2) + 0.88service(-1)$$
$$+ 0.15service(-2) - 457.8 \tag{8.4}$$

式（8.3）、式（8.4）中，imf 表示信息化，$service$ 表示生产性服务业。图 8.2 的脉冲响应显示，从短期来看，生产性服务业对信息化的促进作用没有显现出来，这与一般的理论分析不相符，表明存在阻碍两者协同加强的因素。信息化水平的一个冲击在短期并不能对生产性服务业有正向刺激，滞后性十分明显，信息化对需求的快速反应没有表现出来。但不管是信息化，还是生产性服务业，对来自自身的冲击的反应是迅速的，这意味着信息化众多指标中任意一个指标的改变，都能有效改善信息化的总体水平。

从长期来看，信息产业和生产性服务业具有自增强效应，其影响将逐步放大。这也意味着，生产性服务业和信息化的协同发展趋势值得期待。从长期来看，生产性服务业的冲击对信息化的影响将逐渐表现出来，并在一定时期内不会衰减。生产性服务业受信息化的影响比较明显，其影响也是放大的。

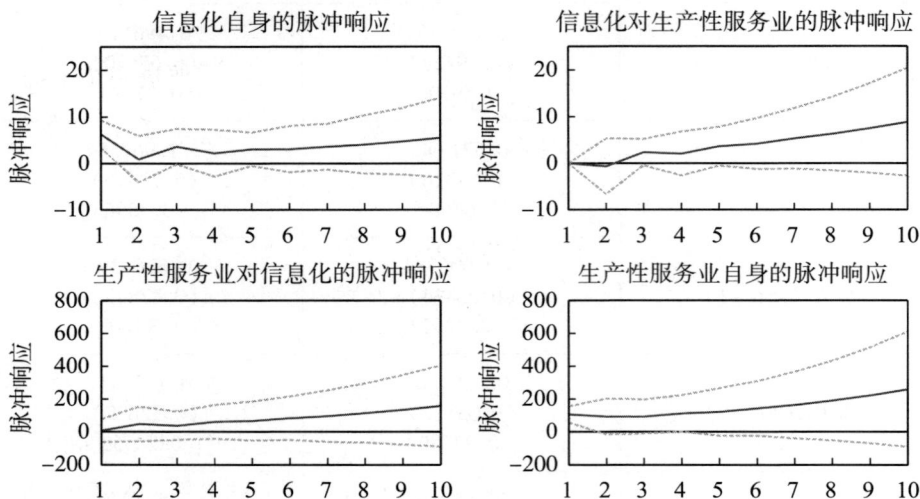

图 8.2　生产性服务业与信息化脉冲响应

　　资料来源：《中国统计年鉴》《中国电子信息产业统计年鉴》，中国经济数据库，国研网。

第四节　小　　结

　　分析显示，信息化和生产性服务业在发展过程中存在一些问题，比如信息化发展速度还不够快、信息产业的投入需要加强、信息化与生产性服务业之间的协同性因为有些要素的薄弱而难以发挥出来，等等。为此，本书建议从以下三个方面入手采取措施。

　　一是加快信息化发展，为生产性服务业产业融合提供基础。以信息产业固定资产投资占全社会固定资产投资的比重进行衡量，投入力度与信息化建设的目标之间存在差距。信息产业固定资产投资占比指数显示，10 年来，信息产业固定投资所占比重总体呈下降趋势。区域投入存在不平衡，比如城市之间的差异、城乡之间的差异，这影响了信息化的扩张效应。从需求角度来看，尽管在电信、移动及互联网等方面获得了极大的发展，但我国互联网普及率还不高，仅为35%。目前，在消费者行为中，美国互联网渗透率达到了74%，我国这方面的需求还有很大的提升空间。加之，工业企业信息化建设还处在政府推动阶段，由于地域、标准及发展基础等原因，导致企业对信息化的要求还远没到爆发临界点。这就需要加大对信息技术的投资，以扩大市场。

二是充分发挥生产性服务业对信息化的拉动作用。生产性服务业伴随着信息技术的发展而发展。现代金融、物流、电子商务、公共服务等生产性服务业对信息产业产生强大的需求拉动力。但是，信息技术由于具有跨地理空间的特性，信息产业可以脱离本地市场、本地产业发展，如产品和服务的对象是外地的消费者，使产业链出现空间跨越现象，这样一来，对本地市场的发展所起的作用就会受到影响。特别是，欠发达地区在网络服务、信息服务、现代物流、金融、中介服务等现代服务行业方面落后于发达地区，生产性服务业总体发展水平不高，直接影响这些地区的信息化发展进程，因此需要多方引导和培育这些地区的生产性服务业发展。此外，欠发达地区相关产业存在产业联系、产业间互动发展比较弱的情况，从而形成数量上的汇集而非集聚，集聚效应差。信息化和生产性服务业的发展能加强产业间联系，加快产业集聚，这也是信息化和生产性服务业发展的需求动力。

三是提高生产性服务业产业融合度，促进信息化发展。信息化需要生产性服务业提供综合、配套、快速反应体系的支撑，以此来满足信息化各个层面的服务需求。比如，设计、生产、营销、配送、支持产品等在信息产业链条上共同构成了一个业务流程，这些流程属于现代生产性服务业，其效率对整个链条的效率影响很大；而高素质信息化人才需要现代教育培训提供高质量的服务，等等。需要改进生产性服务业发展结构不平衡导致信息化中的各产业链条衔接不完善、空间上不连贯的现状。政府要在克服信息产业内的结构不平衡和生产性服务业内各行业不平衡的基础上，采取相关举措，比如调整金融、教育、文化、公共服务、科学研究、租赁与商务服务，以及水利、环境与公共管理等之间的结构，尤其要提高科学研究和教育投入，以夯实信息化发展的基础。

第九章　生产性服务业发展
与消费结构：需求视角

第一节　问题提出

扩大内需是中国当前保增长、转方式的一个重要环节。扩大内需既包括消费的增长，也包括消费结构的调整。发展生产性服务业是中国转变经济发展方式、推动产业结构升级的途径。学术界对消费结构的关注始于20世纪80年代，其后对该问题的关注度逐渐增加。关于消费结构和产业结构的问题也有相关的一些研究。消费结构影响生产结构，生产结构的变化导致消费需求层次上升，这样消费结构就会进一步调整。由此可看出，生产结构的变动也能促进消费需求层次上升，以及消费结构的升级。理论界的研究从以下几个方面入手：一是阐述消费作用及其如何促进我国的消费增长。消费需求在社会经济中的作用重大，消费不振与我国收入分配差距之间存在关联。信息、文化教育消费是我国消费重要的增长热点，疏通流通业能促进消费。二是对中国城镇和农村的消费结构的现状进行实证分析。我国城乡消费结构受人均可支配收入的影响比较大，农村消费差异应该从消费结构入手来寻找对策。服务业发展能推动消费结构变动。三是着重研究消费结构和产业结构的关系问题。消费结构在产业结构优化上起着重要的作用，甚至可以作为产业结构优化的标准。消费结构和产业结构之间存在双向关系，消费是产业结构调整的重要动力。

关于生产性服务业发展与消费结构变动的关系，理论界研究得很少。我国消费扩大存在一系列障碍。当前，我国经济正在朝着服务经济的方向发展，特别是生产性服务业的迅速发展，必定从多方面影响国人的消费习惯和消费结构。在我国服务业发展水平整体滞后的背景下，生产性服务业发展的巨大潜力有待挖掘。我国正在实施促消费、调结构的战略举措，而生产性服务业的发展必定能优化我国的产业结构和消费结构，因此我们需要考察两者之间的关系。本章首先描述了我国城乡消费结构和生产性服务业发展，然后用逐步回归法和格兰杰因果分析法对两者的关系进行分析，并以此对如何调整消费结构和促进生产性服务业发展提出相关结论和建议，最后研究了新冠肺炎疫情对消费的影响。

第二节　我国消费结构及生产性
服务业的发展现状

消费结构是指，一定范围内的消费群体在某一时期所消费的不同内容、不同形式的产品和服务在消费总量中所占的比重，以及它们之间的关系。消费结构可以按消费的内容划分为实物性消费和服务性消费，可以按需求层次划分为生存消费、享受消费和发展消费等。消费结构反映了当前消费者消费的具体内容、水平和质量。国家统计局把我国居民消费分为食品烟酒、衣着、居住、生活用品及服务、交通和通信、教育文化和娱乐、医疗保健、其他用品和服务8个项目。本书把消费结构定义为各子项消费在消费中所占比重。

由于《中国统计年鉴》在1993年对消费结构统计标准进行了调整，所以本书选取的消费结构数据均为1993年之后的数据。从表9.1可知，我国农村居民人均消费从1993年后一直稳步增长，尤其是2005年以来，由于中央对农村支持力度加大，增长尤为明显。即使2008年世界宏观经济受金融危机等影响，我国的人均消费也并没有下降。在此背景下，农村居民人均消费结构也有一些相应的变动，食品烟酒份额下降，居住、交通和通信、教育文化和娱乐消费等上升。

表 9.1　　　　　　　　我国农村居民人均消费支出结构　　　　　单位：元

年份	生活消费支出合计	食品烟酒	衣着	居住	生活用品及服务	交通和通信	教育文化和娱乐	医疗保健	其他用品和服务
1993	769.7	446.8	55.3	106.8	44.7	17.4	58.4	27.2	13.1
1994	1016.8	598.5	70.3	142.3	55.5	24.0	75.1	32.1	19.0
1995	1310.4	768.2	89.8	182.2	68.5	33.8	102.4	42.5	23.1
1996	1572.1	885.5	113.8	219.1	84.2	47.1	132.5	58.3	31.7
1997	1617.2	890.3	109.4	233.2	85.4	53.9	148.2	62.5	34.3
1998	1590.3	849.6	98.1	239.6	81.9	60.7	159.4	68.1	32.9
1999	1577.4	829.0	92.0	232.7	82.3	68.7	168.3	70.0	34.3
2000	1670.1	820.5	96.0	258.3	75.4	93.1	186.7	87.6	52.5
2001	1741.1	830.7	98.7	279.1	77.0	110.0	192.6	96.6	56.4
2002	1834.3	848.4	105.0	300.2	80.4	128.5	210.3	103.9	57.7
2003	1943.3	886.0	110.3	308.4	81.7	162.5	235.7	115.8	43.0
2004	2184.7	1031.9	120.2	324.3	89.2	192.6	247.6	130.6	48.3
2005	2555.4	1162.2	148.6	370.2	111.4	245.0	295.5	168.1	54.5
2006	2829.0	1217.0	168.0	469.0	126.6	288.8	305.1	191.5	63.1
2007	3223.9	1389.0	193.5	573.8	149.1	328.4	305.7	210.2	74.2
2008	3660.7	1598.8	211.8	678.8	174.0	360.2	314.5	246.0	76.7
2009	3993.5	1636.0	232.5	805.0	204.8	402.9	340.6	287.5	84.1
2010	4381.8	1800.7	264.0	835.2	234.1	461.1	366.7	326.0	94.0
2011	5221.1	2107.3	341.3	961.5	308.9	547.0	396.4	436.8	122.0
2012	5908.0	2323.9	396.4	1086.4	341.7	652.8	445.5	513.8	147.5
2013	6625.3	2495.5	438.3	1233.6	387.1	796.0	486.0	614.2	174.9
2014	8382.6	2814.0	510.4	1762.7	506.5	1012.6	859.5	753.9	163.0
2015	9222.6	3048.0	550.5	1926.2	545.6	1163.1	969.3	846.0	174.0
2016	10129.8	3266.1	575.4	2147.1	595.7	1359.9	1070.3	929.2	186.0
2017	10954.5	3415.4	611.6	2353.5	635.0	1509.1	1171.3	1058.0	200.9

资料来源：《中国统计年鉴》（1994—2019 年）。

就城镇居民而言，其人均消费总额自1993年以来上升较快，从表9.2的数据可以看出，即使在全球金融危机背景下，其增长趋势依然没变。和农村相比，两者消费总量差额高达3倍。在消费结构上，城镇居民食品烟酒所占比例较农村居民更低，教育文化和娱乐以及交通和通信所占比例较高，其他项与农村相比也存在一些差别。

表9.2　　　　　　　　　　　我国城镇居民人均消费支出　　　　　　　　单位：元

年份	生活消费支出合计	食品烟酒	衣着	居住	生活用品及服务	交通和通信	教育文化和娱乐	医疗保健	其他用品和服务
1993	2110.80	1058.20	300.61	184.96	56.89	80.63	194.01	140.01	95.50
1994	2851.30	1422.49	390.38	251.42	82.89	132.68	250.75	193.16	127.56
1995	3537.57	1771.99	479.20	263.36	110.11	183.22	331.01	283.76	114.92
1996	3919.50	1904.71	527.95	298.15	143.28	199.12	374.95	300.85	170.45
1997	4185.60	1942.59	520.91	316.89	179.68	232.90	448.38	358.64	185.65
1998	4331.60	1934.50	480.90	309.00	205.20	276.00	526.20	456.20	143.60
1999	4615.90	1941.80	482.40	338.80	245.60	336.50	601.30	510.70	158.90
2000	4998.00	1971.32	500.46	374.49	318.07	426.95	669.58	565.29	171.83
2001	5309.01	2027.99	533.66	376.22	343.28	493.94	736.63	610.67	186.61
2002	6029.92	2271.84	590.88	388.68	430.08	626.04	902.28	624.36	195.84
2003	6510.94	2416.92	637.73	410.34	475.98	721.13	934.38	699.39	215.10
2004	7182.10	2709.60	686.80	407.40	528.20	843.60	1032.80	733.50	240.20
2005	7942.88	2914.40	800.50	446.50	600.90	996.70	1097.50	808.70	277.80
2006	8696.55	3111.92	901.78	498.48	620.54	1147.12	1203.03	904.19	309.49
2007	9997.47	3628.03	1042.00	601.80	699.09	1357.41	1329.16	982.28	357.70
2008	11242.90	4259.81	1165.91	691.83	786.20	1417.12	1358.26	1145.41	418.31
2009	12264.60	4478.54	1284.20	786.94	856.41	1682.57	1472.76	1228.91	474.21
2010	13471.50	4804.71	1444.34	908.01	871.77	1983.70	1627.64	1332.14	499.15
2011	15160.90	5506.33	1674.70	1023.17	968.98	2149.69	1851.74	1405.01	581.26
2012	16674.30	6040.00	1823.00	1484.00	1116.70	2455.50	2033.50	1063.70	657.10

续表

年份	生活消费支出合计	食品烟酒	衣着	居住	生活用品及服务	交通和通信	教育文化和娱乐	医疗保健	其他用品和服务
2013	18487.50	5570.73	1553.66	4301.30	1129.16	2317.84	1988.26	1136.12	699.40
2014	19968.10	6000.01	1627.21	4489.50	1233.21	2637.27	2142.30	1305.57	527.10
2015	21392.30	6359.68	1701.13	4725.90	1306.48	2895.38	2382.84	1443.37	572.60
2016	23078.90	6762.41	1739.01	5113.70	1426.81	3173.86	2637.63	1630.79	588.30
2017	24444.90	7000.95	1757.93	5564.00	1525.05	3321.51	2846.64	1777.37	644.40
2018	26112.30	7239.00	1808.20	6255.00	1629.40	3473.50	2974.10	1045.70	687.40

资料来源：《中国统计年鉴》（1994—2019 年）。

　　生产性服务业是相对于传统服务业来说的，是伴随工业化进程并依托信息技术和现代管理理念、经营方式和组织形式而发展起来的，向社会提供高附加值、高层次、知识型的生产和生活服务的行业，主要包括基础服务，如通信服务和信息服务；生产和市场服务，如金融、物流、批发、电子商务、农业支撑服务以及中介和咨询等专业服务；个人消费服务，如教育、医疗保健、住宿、餐饮、文化娱乐、旅游、房地产、商品零售等；公共服务，如政府的公共管理服务、基础教育、公共卫生、医疗以及公益性信息服务等。本书对我国生产性服务业的计算如表 9.3 所示，生产性服务业产值由服务业产值减去传统服务业产值所得。

表 9.3　　　　　　　　　　　我国服务业增加值及内部结构

年份	国民生产总值（亿元）	服务业		传统型服务业		生产性服务业	
		增加值（亿元）	比重（%）	增加值（亿元）	比重（%）	增加值（亿元）	比重（%）
1993	35673.2	12313.0	34.52	4906.0	39.84	7407.0	60.16
1994	48637.5	16713.1	34.36	6688.1	40.02	10025.0	59.98
1995	61339.9	20642.7	33.65	8328.9	40.35	12313.8	59.65
1996	71813.6	24108.0	33.57	9549.2	39.61	14558.8	60.39

续表

年份	国民生产总值（亿元）	服务业		传统型服务业		生产性服务业	
		增加值（亿元）	比重（%）	增加值（亿元）	比重（%）	增加值（亿元）	比重（%）
1997	79715.0	27904.8	35.01	10804.2	38.72	17100.6	61.28
1998	85195.5	31559.3	37.04	12128.9	38.43	19430.4	61.57
1999	90564.4	34935.5	38.58	13107.9	37.52	21827.6	62.48
2000	100280.1	39899.1	39.79	14447.0	36.21	25452.1	63.79
2001	110863.1	45701.2	41.22	16226.7	35.51	29474.5	64.49
2002	121717.4	51423.1	42.25	18056.1	35.11	33367.0	64.89
2003	137422.0	57756.0	42.03	20454.3	35.42	37301.7	64.58
2004	161840.2	66650.9	41.18	23272.7	34.92	43378.2	65.08
2005	187318.9	77430.0	41.34	26646.9	34.41	50783.1	65.59
2006	219438.5	91762.2	41.82	31646.9	34.49	60115.3	65.51
2007	270092.3	115787.7	42.87	40203.2	34.72	75584.5	65.28
2008	319244.6	136827.5	42.86	47402.6	34.64	89424.9	65.36
2009	348517.7	154765.1	44.41	54722.1	35.36	100043.0	64.64
2010	412119.3	182061.9	44.18	66946.5	36.77	115115.4	63.23
2011	487940.2	216123.6	44.29	80080.6	37.05	136043.0	62.95
2012	538580.0	244856.2	45.46	90124.3	36.81	154731.9	63.19
2013	592963.2	277983.5	46.88	101857.6	36.64	176125.9	63.36
2014	643563.1	310654.0	48.27	112485.5	36.21	198168.5	63.79
2015	688858.2	349744.7	50.77	122599.5	35.05	227145.2	64.95
2016	746395.1	390828.1	52.36	137301.7	35.13	253526.4	64.87
2017	832035.9	438355.9	52.68	153298.6	34.97	285057.3	65.03
2018	919281.1	489700.8	53.27	170047.3	34.72	319653.5	65.28
2019	990865.1	534233.1	53.92	116702.7	21.84	417530.4	78.16

资料来源：《中国统计年鉴》（1994—2019 年）。

由表9.3 可以看出，我国服务业在国内生产总值中占比较低，截至2019年，其占比为53.92%，远低于发达国家70% 以上的比例。不过因为信息技术快速发展，生产性服务业在服务业中占比较高，并且比较稳定，近 30 年来一直维持在 60% ~ 70%，2019 年达到了 78. 16%。根据当前发达国家服务业发展的情况，我国生产性服务业还有很大的增长空间。

第三节　新冠肺炎疫情对消费结构的影响及生产性服务业的发展机遇

进入 21 世纪以来，全球发生过许多突发性公共事件，比如 2003 年非典疫情、2004 年印度尼西亚海啸、2009 年 H1N1 流感大流行、2011 年日本福岛核电站泄漏、2014 年非洲埃博拉疫情，对人类社会发展造成了很大的影响。然而，这些事件的影响程度都不能与此次新冠肺炎疫情相比。2019 年新冠肺炎疫情导致的全球公共卫生突发事件对世界社会经济影响极大。世界卫生组织的数据显示，截至 2020 年 7 月 8 日，全球确诊新冠肺炎病例 1200 多万例，死亡547290 例（见图 9. 1、图 9. 2 和图 9. 3）。受此影响，世界经济几乎停摆，除中

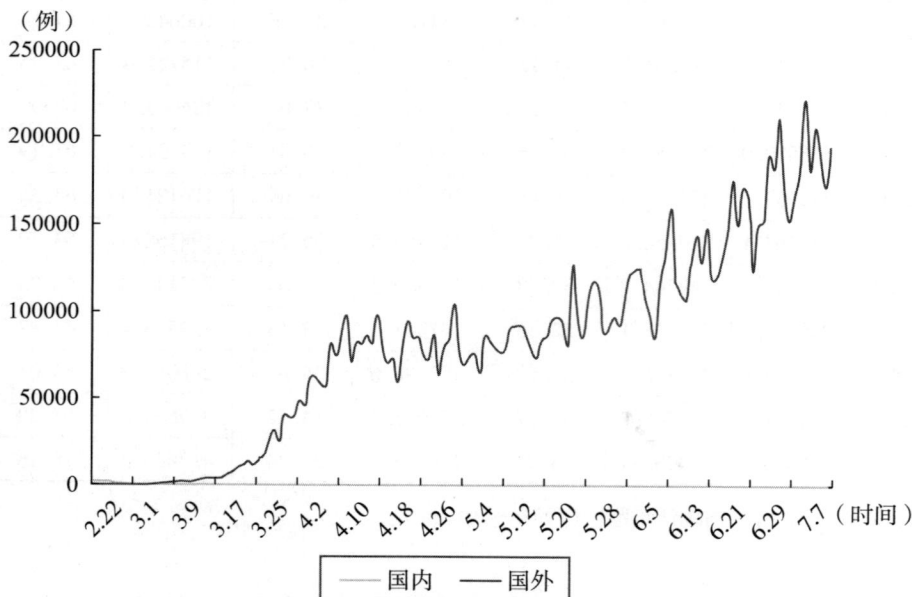

图 9.1　截至 2020 年 7 月 7 日全球新冠肺炎新增病例趋势

资料来源：约翰·霍普金斯大学（Johns Hopkins University），中国国家卫生健康委员会。

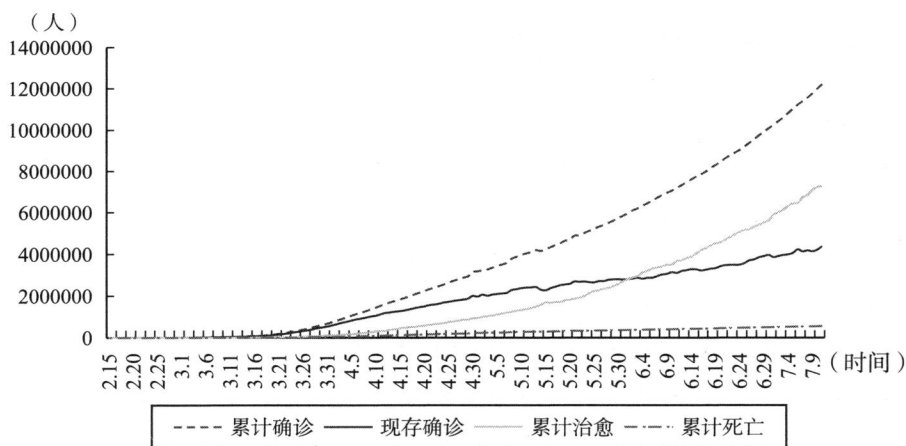

图 9.2　截至 2020 年 7 月 9 日国外新冠肺炎疫情趋势

资料来源：中国国家卫生健康委员会。

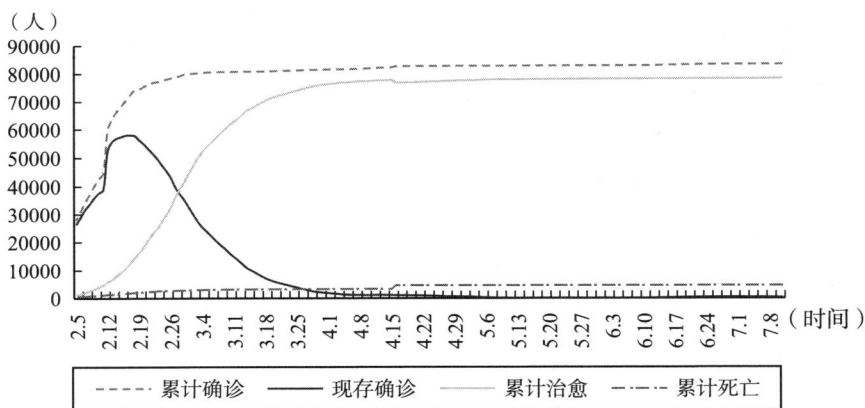

图 9.3　截至 2020 年 7 月 8 日我国新冠肺炎疫情趋势

资料来源：中国国家卫生健康委员会。

国外的全球主要经济体 2020 年上半年的 GDP 增长率均为负数。此次疫情对经济影响之深，堪比 1929 年的经济大萧条。同时，疫情将深远地改变人类的社交模式、生产方式、消费方式等。基于互联网、现代物流等新的生产性服务业和消费性服务业将在人类社会未来经济发展中发挥更为重要的作用。

一、新冠肺炎疫情对社会经济的影响

2019 年暴发的全球新冠肺炎疫情和 2003 年的非典疫情有相似之处，但其深度和广度更甚。回顾当时非典疫情对国家经济和消费造成的影响，足可以看到此次人类社会罕见疫情的影响之深。

首先，从时间来看，由于人类社会对导致非典疫情的病毒缺乏了解，从发现病毒到力图控制疫情扩散，花费了比较长的时间。2002 年 11 月广东发现国内首例非典病例，随后疫情蔓延到我国大多数省份，2003 年 4 月至 5 月疫情达到高峰，6 月中旬疫情结束，持续了大概 7～8 个月。其次，根据中国国家卫生健康委员会的数据，从传染广度来看，截至 2003 年 8 月 16 日，中国内地累计报告非典病例 5327 例，治愈出院 4959 例，死亡 349 例。再次，从对经济和消费的影响来看，受非典疫情影响最严重的服务业产业季度数据显示，住宿和餐饮业从 2002 年第四季度的 2724.8 亿元下滑到 2003 年第一季度的 817.9 亿元，在非典疫情发生的高峰期出现了消费品零售增速明显下滑；但在疫情结束之后消费品零售额马上显著反弹，2003 年 7 月增速达到 9.8% 的水平。交通运输、仓储和邮政业以及房地产业出现小幅下滑；批发零售业在 2003 年第一季度小幅上升，但总体趋势变化不大；金融业在 2003 年第二季度小幅下滑，总体变化趋势不大（见图 9.4）。最后，非典疫情没有在全球范围内大流行。

新冠肺炎疫情是新中国成立以来我国遭遇的传播速度最快、感染范围最广、防控难度最大的重大突发公共卫生事件。2019 年 12 月，湖北省武汉市监测发现不明原因肺炎病例，并在第一时间报告疫情。面对疫情，我国迅速采取行动，开展病因学和流行病学调查，阻断疫情蔓延，同时及时主动向世界卫生组织以及美国等国家通报疫情信息，向世界公布新型冠状病毒基因组序列。2020 年 1 月至 2 月，随着全国新增确诊病例快速增加，防控形势异常严峻，各地相继启动了重大突发公共卫生事件应急响应。到 2020 年 3 月中旬，我国本土每日新增病例数逐步下降至个位数，4 月以来全国疫情防控进入常态化。从卫生部的统计数据来看，截至 2020 年 7 月 11 日，全国（含港澳台）新冠肺炎累计确诊病例 85515 例，治愈出院 80303 例，死亡 4648 例。与此同时，新冠肺炎疫情肆虐全球 200 多个国家和地区，并且目前确诊病例仍在不断攀升，对全球经济的影响不断恶化。由此可见，与非典疫情相比，此次新冠肺炎疫情对社会经济造成的影响更严重、更深远。

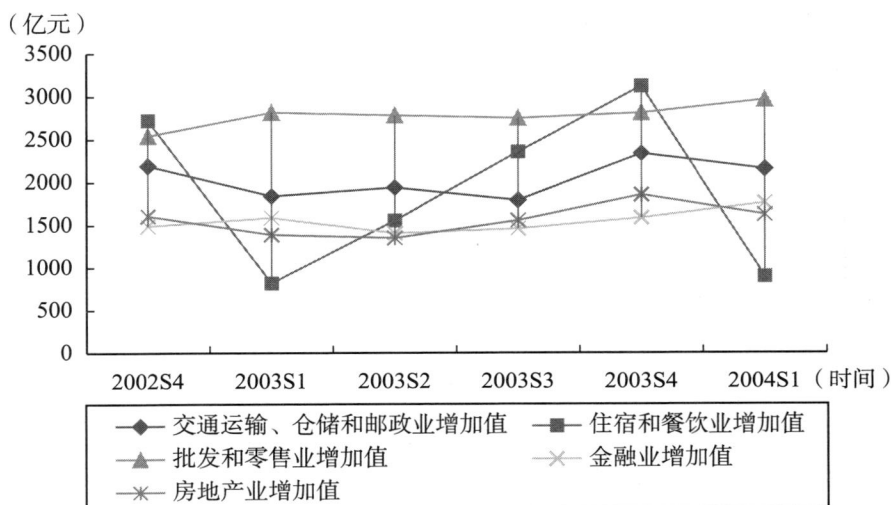

图 9.4　2002 年第四季度至 2004 年第一季度代表性产业季度值

资料来源：国家统计局。

当前，全球经济尚未完全从 2008 年由美国次贷危机引发的全球经济衰退中恢复。这么长时间的衰退引发了一系列全球性的矛盾。近年来，单边主义和贸易保护主义抬头，对全球贸易造成极大损害，世界经济不容乐观。在此背景下，新冠肺炎疫情的暴发迫使各国不得不暂时关闭人员交流通道，重创了全球经济。

图 9.5 显示，自 2018 年以来，北美、欧洲以及亚洲主要国家月度经济增长率持续下降；受疫情影响，2019 年 12 月亚洲 GDP 增长率呈断崖式下降，但反弹迅速，而欧美经济体自 2020 年 2 月以来深陷入经济衰退中，还没有反弹迹象。以消费品零售总额衡量（见图 9.6），2020 年 2 月我国社会消费品零售总额为 26449.9 亿元，相比 2019 年 12 月（38776.7 亿元）下降明显，到 2020 年 5 月恢复到 31972.8 亿元。这彰显了我国经济抗冲击的韧性和强大的修复能力。面对疫情，我国经济能在短时间内恢复得益于以下主要因素。

一是我国现代物流体系日臻完善。完善的物流体系支撑了 B2B、B2C 等网络消费采购平台的快速发展。新型消费模式不断涌现，使聚集型消费采购可由虚拟免接触消费采购替代。疫情期间，消费者通过网络平台，在现代物流体系的帮助下，能完成消费的全过程。虽然我国的社会消费品零售总额在 2020 年 3 月同比下滑 15.8%，但在可忍受的范围内。

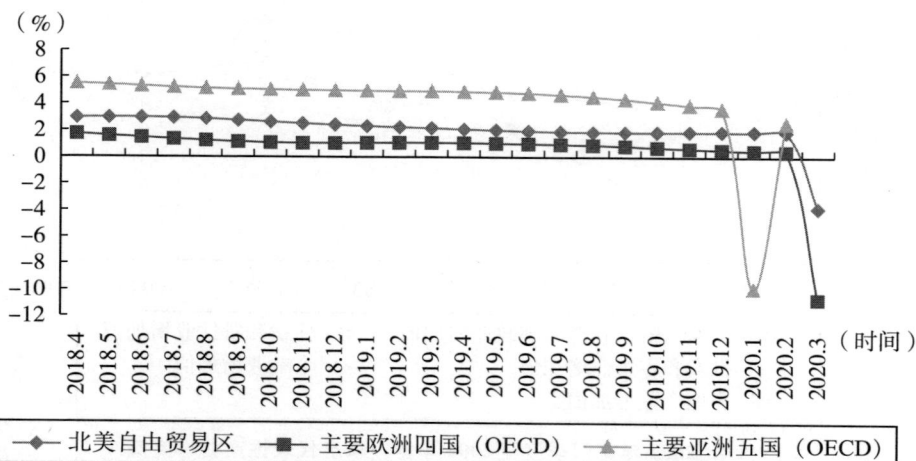

图 9.5　2018—2020 年主要经济体经济增长率变化情况

资料来源：WTO、世界银行。

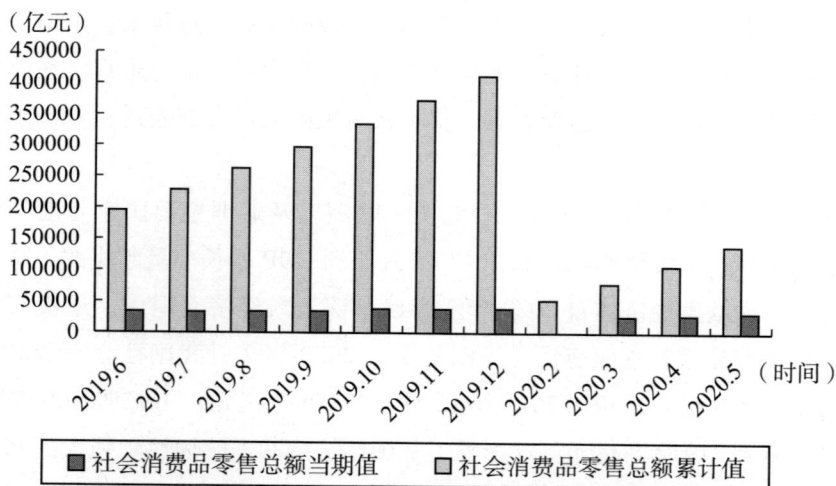

图 9.6　2019 年 6 月至 2020 年 5 月我国消费品零售变化情况

注：因统计数据缺失，此图中不含 2020 年 2 月当期值。

资料来源：国家统计局。

二是我国市场容量大，服务业需求和供给反弹有力。在此次疫情期间，服务业受疫情影响最为严重。由于服务业在经济中的占比大，服务业受到冲击和复苏都将极大地影响整个经济情况。我国服务业占比已超过 50%，到 2019 年上升至 53.9%。在疫情得到有效控制的情况下，我国服务业增长给市场带来了信心。从图 9.7 可以看出，我国服务业生产指数自疫情暴发以来从 7% 左右下降到最低 −8%，由正转负。不过，2020 年 3 月份的数据显示，服务业生产指数开始止跌回升。

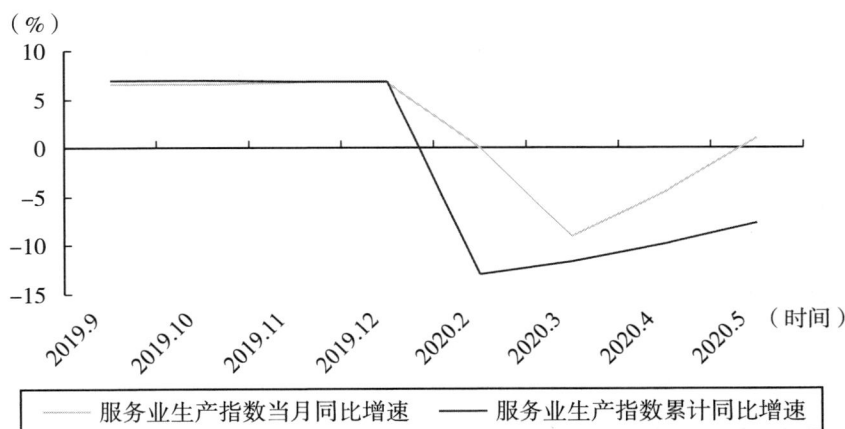

图 9.7　2019 年 10 月至 2020 年 5 月我国服务业生产指数

资料来源：国家统计局。

三是贸易保护主义和疫情严重影响了我国对外贸易。从图 9.8 可见，从 2018 年开始，我国对外贸易其实呈现下滑趋势。到了 2019 年，在美国贸易保护主义政策不断施压下，我国对外贸易增速已经变成负数。2019 年 11 月稍见起色，到了 12 月由于新冠肺炎疫情暴发，复苏势头受到遏制。但 2020 年 3 月以来，由于我国疫情得到有效控制，进出口总额逐渐回升。2020 年 6 月进口额增速的大幅增大更能表明我国对外贸易未来发展向好的动力比较强劲。

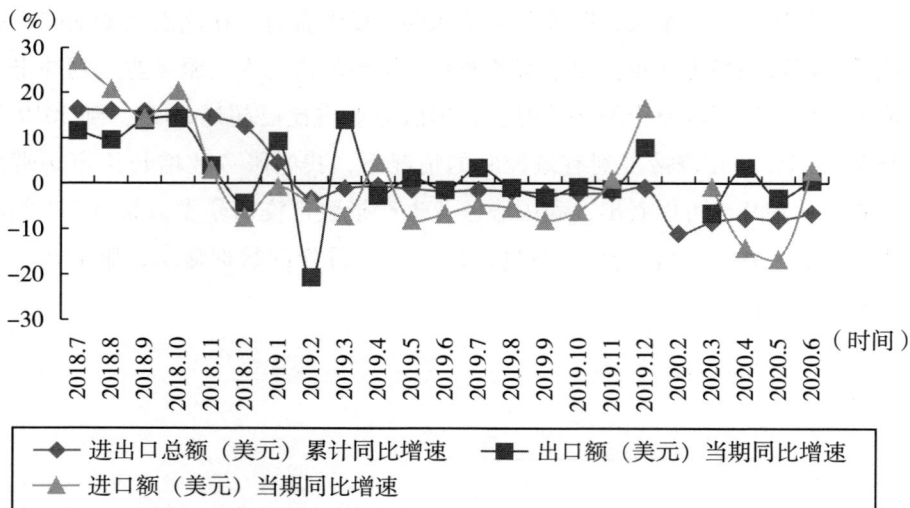

图 9.8　2018—2020 年我国对外贸易同比增速

资料来源：国家统计局。

　　总体来看，新冠肺炎疫情对全球社会经济影响极大。尤其是在当前全球多边贸易发展受阻、西方主要经济体内部矛盾激化等多重因素叠加的情况下，全球经济发展不容乐观，世界生产和消费模式必须有创新性的发展，才能有望及时从不断下滑的趋势中走出来。中国作为全球最大的贸易国、第二大经济体，理应承担起更为重要的责任并发挥更为重要的作用。

二、新冠肺炎疫情下居民消费及结构变动趋势

　　新冠肺炎疫情对我国居民消费总体呈负面影响，影响程度不大。图 9.9 是2019 年 12 月至 2020 年 5 月我国居民消费价格指数统计。其中，2019 年 12 月至 2020 年 5 月的生活用品及服务类、居住类和衣着类居民价格指数与上年同期基本持平，整体走势变化稳定。2019 年 12 月以来，交通和通信类居民价格指数一直低于 100，除 2020 年 1 月受春节的影响，外地务工、求学等人员返乡，该指数超过 100，并比上年同期上涨 8%。因疫情防控需要，2 月的交通和通信类居民价格指数比上年同期下降 1.6%，并在随后的几个月一直呈下降趋势。由于疫情的原因，人们的出行受阻，全球航空旅行因此受到重创，Cirium 的数据显示，截至 2020 年 5 月上旬，全球约 61% 的客机停飞。由此可

见，交通类消费在疫情消除之前，其下降趋势难以逆转。

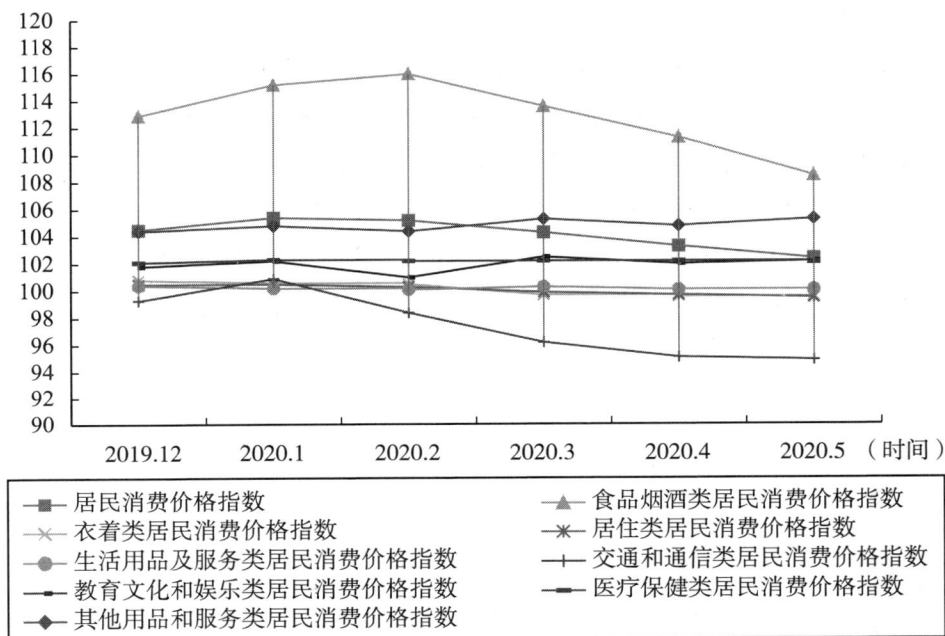

图 9. 9　2019 年 12 月至 2020 年 5 月我国居民消费价格指数及结构（上年同月 = 100）
资料来源：国家统计局。

食品烟酒类、生活用品及服务类消费价格指数具有相似的变化规律。受新年和疫情初期恐慌性囤货的心理的影响，这两类消费价格指数均较上年同期有一定幅度的上升，但随着超前消费效应的到来，从 2020 年 3 月开始出现下滑。此外，由于口罩、消毒液等防疫用品成为必备品，医疗保健类居民价格指数一直比较平稳，均比去年同期高出 2% 。受新冠肺炎疫情的影响，电影院、KTV、游乐园和景区等各种娱乐休闲场所相继关门，导致教育文化和娱乐类消费价格指数在 2020 年 2 月直线下滑，3 月起学生网上复课，文化产业开始复苏，在教育文化方面的消费开始增多，抵消了部分娱乐类消费的下滑趋势。值得一提的是，在疫情初期，由于人们都居家隔离，使抖音、快手等新兴短视频平台以及各大手游平台的用户激增。2020 年 1 月 6 日抖音发布的《2019 年抖音数据报告》显示，抖音日活跃用户截至 2020 年 1 月为 4 亿人次，而上年同期仅为 2.5 亿人次。由此可见，新兴平台和娱乐模式的发展使教育文化和娱乐类消费价格指数在疫情的影响下并没有下降，反而较上年同期有所上升。

　　由于现代物流、网络购物平台等在城乡覆盖和应用程度方面存在差异，在新冠肺炎疫情暴发后，城乡区域消费受到的冲击影响可能不一样。2019 年，城镇居民的人均可支配收入为 42358.80 元，农村居民人均可支配收入为 16020.67 元，只有城镇居民的 37.82%。因收入水平不一样，城乡居民消费结构也不同，因此在分析时有必要对城市和农村分别加以考虑（见图 9.10 和图 9.11）。

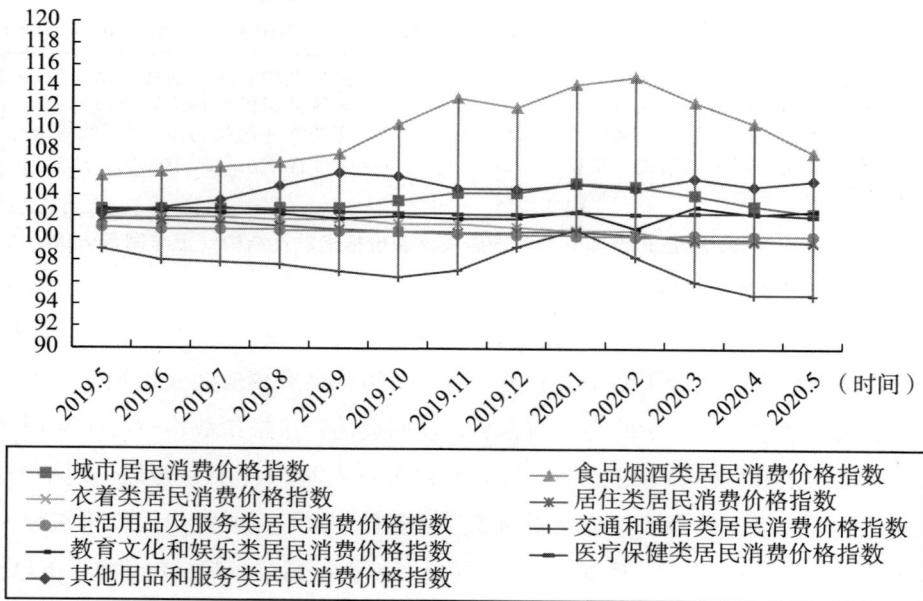

图 9.10　2019 年 12 月至 2020 年 5 月城市居民消费价格指数及结构（上年同月 = 100）

资料来源：国家统计局。

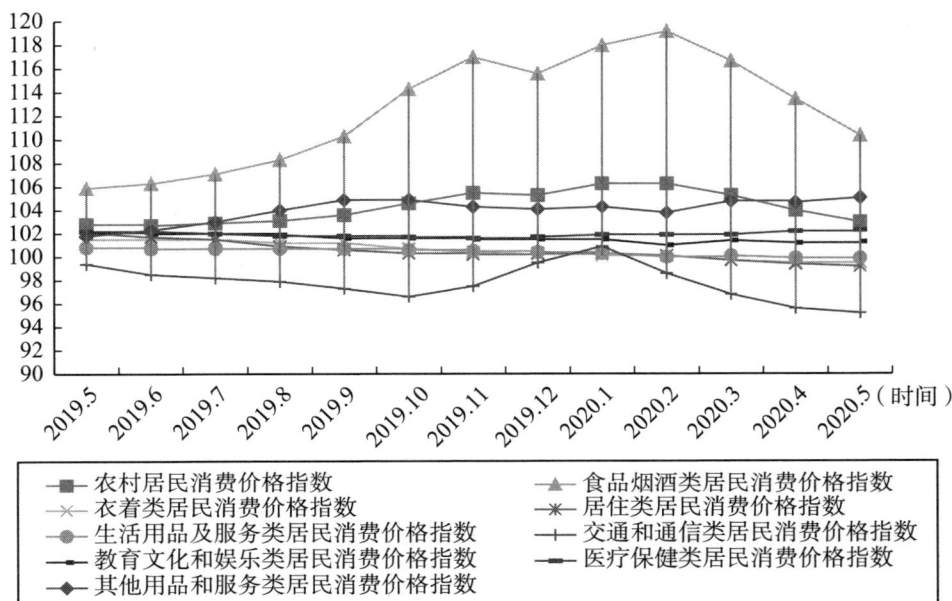

图 9.11 2019 年 12 月至 2020 年 5 月农村居民消费价格指数及结构（上年同月 = 100）

资料来源：国家统计局。

图 9.10 和图 9.11 中城乡居民消费价格指数显示，城镇和农村的消费价格指数及结构在变化趋势上是一致的，但存在细微差异。具体来看，农村居民的食品烟酒类消费价格指数与上年同期相比增长幅度较城镇居民更大，在 2020 年 1 月进行预防性超前消费之后，3 月消费指数开始下滑，且截至 5 月农村居民的食品烟酒类消费价格指数要比城市居民高，表明新冠肺炎疫情对农村居民食品烟酒类等生活必备品消费的冲击要比城市居民大。农村居民交通和通信类消费价格指数与城镇居民的变化趋势相似，从 2019 年 1 月开始逐步上升，到 2020 年 1 月达到峰值，随后开始下滑。从教育文化和娱乐类居民消费指数来看，城市居民的消费指数在 2020 年 3 月上涨明显，这是因为受新冠肺炎疫情影响，城市居民教育文娱方面的线上需求增多。

三、新冠肺炎疫情下我国消费发展趋势及消费模式的演变

居民消费率等于居民的平均消费倾向与居民可支配收入占 GDP 的比例的乘积。据世界银行 2019 年的报告显示，2018 年我国居民消费率比世界平均水

平低 18.3%，可见我国整体的消费率水平还有很大的提升空间。

（一）国内消费对经济增长的支撑作用日益凸显

从国内市场来看，2019 年消费支出对 GDP 增长贡献率为 57.8%。2020 年 4 月，中共中央政治局召开会议，提出要以更大的宏观政策力度应对疫情影响，并强调坚定实施扩大内需战略，在解释消费方面提出扩大居民消费，适当增加公共消费。为了应对新冠肺炎疫情对消费的影响，据商务部的初步统计，截至 2020 年 5 月，全国共有 28 个省市、170 多个地市统筹地方政府和社会资金，累计发放消费券达 190 多亿元。此次在发放消费券时，各地充分考虑了当地产业特点和消费热点，从而使消费和产业发展相结合。国家统计局的数据显示，2020 年 4 月社会消费品零售额当期值比上月增加 6.53%，消费券短期作用很明显。从国际市场来看，疫情初期，一些国家临时禁止从我国进口商品，对我国的出口影响非常大。同时，国外经济急剧萎缩、加工出口需求下降使进口也受到了一定程度的影响。相比国外日益严重的疫情，我国国内疫情得到控制，在全球经济前景不容乐观的背景下，我国经济显示出良好的发展前景。尤其是，我国始终坚持多边主义，坚持自由贸易，不断释放对外开放的积极信号，如加快推进建设海南自由贸易港、召开第三届中国国际进口博览会，以及举行"云端"广交会等，助力世界经济复苏。消费在支撑我国经济增长的同时，庞大的中国市场将为世界经济复苏提供强劲动力。

（二）疫情下现代服务业发展创造了新的消费模式

随着我国政府治理能力的不断提升，我国经济体系在不同冲击下展现出了巨大韧性。从 2008 年全球金融危机以来的几次冲击来看，我国经济均能首先呈现出强大的恢复能力。此次新冠肺炎疫情重创了全球经济，我国在 4 月份左右开始复工复产，经济正在逐步接近或达到正常水平。为了应对疫情，我国市场催生了许多新业态、新模式，也推动了新兴产业的快速发展。2020 年 2 月，习近平总书记在《在中央政治局常委会会议研究应对新型冠状病毒肺炎疫情工作时的讲话》中指出，"扩大消费是对冲疫情影响的重要着力点之一。要加快释放新兴消费潜力……推动增加电子商务、电子政务、网络教育、网络娱乐等方面的消费"，为新兴业态的发展释放出了积极的信号。互联网大数据、人工智能、数字经济等科技和业态在控制疫情过程中发挥了极大的作用，为生产以及消费服务新模式提供了物理支持。比如，阿里巴巴的钉钉、腾讯会议以及华为 WeLink 提供的线上办公系统，在疫情期间提供了便捷的平台，同时相关平台由于积攒了大量的用户而得以不断完善和发展。线上无接触消费成为广大消费者所接受的新型模式，比如途虎养车在疫情期间推出了无接触养车服务，包括"线上下单＋电子检测＋线上直播随时看"等互联网服务，通过创新消费方式拉动市场回暖。医疗卫生线上服务在疫情的刺激下也得以推动。互联网与传统业态相结合的创新模式极大地节省了医院的医疗资源，提升了运行效率。线上诊疗改变了传统的面对面就诊和治疗模式。在医疗市场，线上医疗发展迅猛，支付宝、京东先后上线了在线的义诊服务。在零售市场，阿里巴巴提出的新零售等无人销售模式成为未来零售发展的热点方向。可以预见，在新冠肺炎疫情冲击下，为响应市场需求而发展的相关新兴行业将借助这个推力，在与传统模式相融合的基础上，为消费生产革命提供更好的帮助，世界经济将迎来新一轮发展。

（三）疫情促使境外旅游等服务消费回流，倒逼产业升级

随着我国交通、酒店基础设施建设不断完善，我国旅游业市场快速发展。国家统计局的数据显示（见图 9.12、图 9.13、图 9.14），2019 年入境旅游收入达 1312.5 亿美元，人数达 1.45 亿人次。同时，我国出境游也在持续增长。2019 年，我国国内居民出境人数达到 1.6921 亿人次，国内游达 60 多亿人次，国内游总支出达 57250.92 亿元。我国居民消费需求旺盛，尤其是对高品质商品的需求大。全球消费者在个人奢侈品方面的支出为 3060 亿美元，伴随出境游，中国消费者奢侈品消费支出占全球奢侈品消费总额的 1/3 以上。但新冠肺炎疫情暴发以来，包括奢侈品在内的世界零售业的销售额急剧下滑。与此同时，新冠肺炎疫情对世界旅游业造成了极大冲击。世界贸易组织的数据显示，以日本为例，受新冠肺炎疫情影响，2020 年 4 月以来日本的外国游客只有 2900 人，相比去年 4 月的近 300 万人，其旅游业受到了断崖式的冲击。正是在出境游受到疫情阻断的背景下，国内旅游业迎来了新的机遇与挑战。根据文化和旅游部的统计，2020 年"五一"假期期间全国共计接待国内游客 1.15 亿人次，实现国内旅游收入 475.6 亿元，加快了国内旅游行业回暖的脚步。未来，为满足国内外旅游市场的需要，我国旅游业在旅游品质上还需要进一步提升，尤其是要对交通运输、酒店等传统行业进行提质改造，提升游客的体验感。

（万美元）　　　　　　　　　　　　　　　　　（亿元）

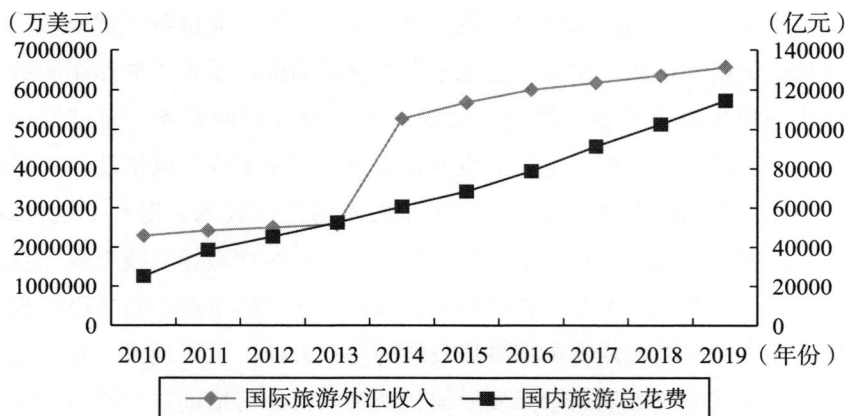

图 9.12　2010—2019 年我国入境旅游收入及国内旅游支出

资料来源：国家统计局。

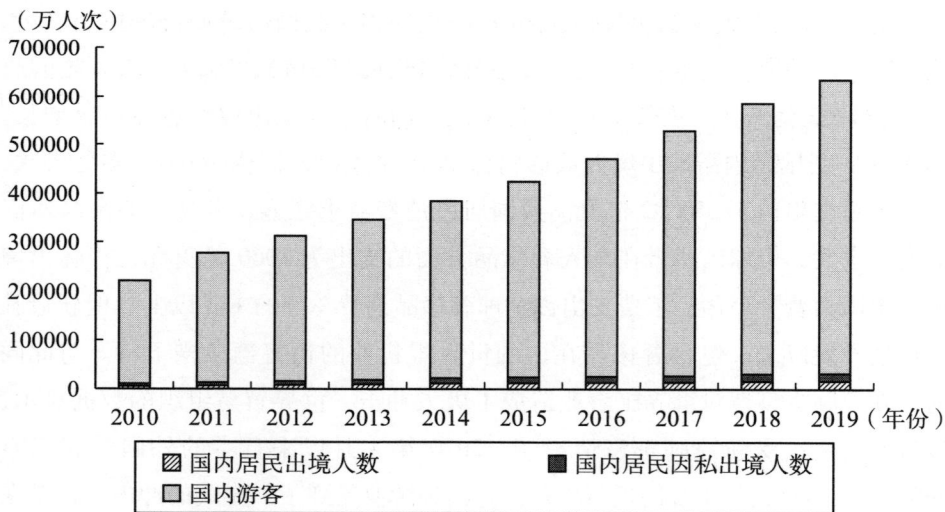

（万人次）

图 9.13　2010—2019 年我国国内居民旅游人数变动趋势

资料来源：国家统计局。

（万人次）

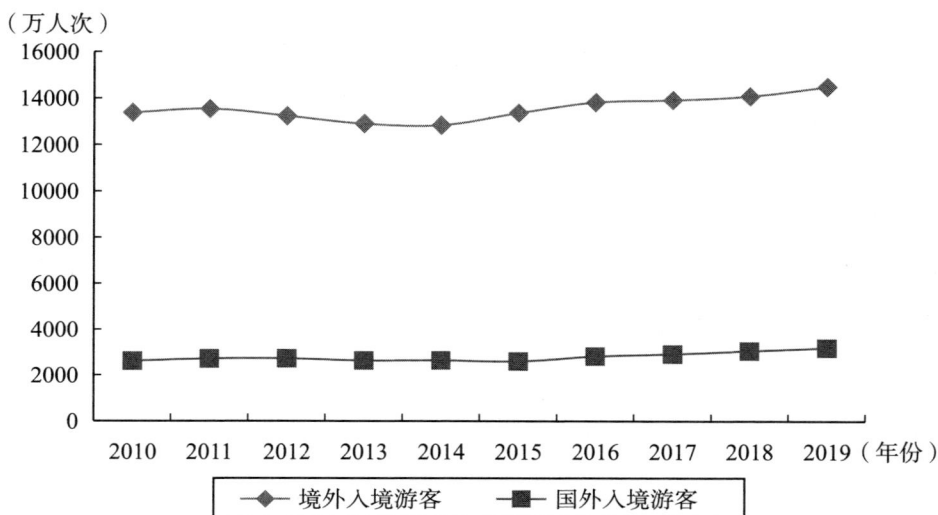

图 9.14　2010—2019 年我国国外及境外入境旅游人数趋势

资料来源：国家统计局。

第四节　城乡消费结构与我国生产性
服务业相关关系实证分析

从以上的数据来看，在消费者的消费支出中，上升较快的教育文化和娱乐、交通和通信类消费和生产性服务业有很强的联系。为了发掘变量之间的关系，下面对我国消费结构和生产性服务业进行计量分析。由于我国城乡二元结构的现状，本书对生产性服务业与农村消费结构和城市消费结构分开进行分析。生产性服务业发展用其占总产值的比重（MS）来衡量，消费结构用《中国统计年鉴》中的居民消费分类支出占其总消费的比例来表示。城市居民的食品烟酒、衣着、生活用品及服务、医疗保健、交通和通信、教育文化和娱乐、居住、其他用品和服务 8 个类别消费分别用 *CFR* 、*CCR*、*CHIR*、*CMCR*、*CTCR*、*CCER*、*CHR*、*COMR* 来表示；农村居民的食品烟酒、衣着、生活用品及服务、医疗保健、交通和通信、教育文化和娱乐、居住、其他用品和服务消费分别用 *RFR* 、*RCR*、*RHIR*、*RMCR*、*RTCR*、*RCER*、*RHR*、*ROMR* 来表示。本书的计量检验均用 Eviews6.0 完成。

一、城镇居民消费结构与我国生产性服务业的相关关系

首先检验城镇居民消费结构与我国生产性服务业的相关关系。通过对各要素之间的相关性检验和逐步回归法验证，选取通过检验的变量 *CFR*、*CMCR* 来测度其与生产性服务业的相关关系。从表 9.4 中的检验结果可以看出，各自变量对因变量的影响显著，R^2 大于 0.8，模型拟合优度相当高，F 统计量比较大，函数整体关联显著。

表 9.4 　我国城镇居民消费部分要素与生产性服务业之间的相关性检验结果

变量	系数	标准差	t – 统计量	伴随概率
CFR	− 0.602680	0.026365	− 22.85889	0.0000
CMCR	− 0.179700	0.089432	2.009341	0.0564
截距	0.515579	0.011421	45.14437	0.0000
R^2			0.961474	
F 统计量			288.994	

$$MS = -0.603 \times CFR - 0.180 \times CMCR + 0.012 \qquad (9.1)$$

从方程（9.1）来看，城镇居民人均食品烟酒消费比例（即恩格尔系数）、人均医疗保健消费与生产性服务业呈负相关关系。具体来说，当城镇居民人均食品烟酒消费减少 1 个百分点，生产性服务业产值占总产值的比例将上升 0.603 个百分点；而城镇居民人均医疗保健消费减少 1 个百分点，生产性服务业产值占总产值的比例将上升 0.180 个百分点。所以，城镇居民食品烟酒和医疗保健支出方面的减少有助于生产性服务业的发展。但从表 9.5 中 3 个变量的格兰杰因果分析结果来看，生产性服务业不是城镇居民食品烟酒和医疗保健消费的格兰杰因。也就是说，从目前的数据来看，生产性服务业的发展不能主动对城镇居民食品烟酒消费和医疗保健消费的比例产生影响。

表 9.5　　　我国城镇居民消费部分要素与生产性服务业之间的格兰杰因果分析

零假设	样本数	F - 统计量	伴随概率
CFR 不是 MS 的格兰杰因	24	2.82080	0.0846
MS 不是 CFR 的格兰杰因		1.90460	0.1762
$CMCR$ 不是 MS 的格兰杰因	24	0.73274	0.4937
MS 不是 $CMCR$ 的格兰杰因		6.83647	0.0058
$CMCR$ 不是 CFR 的格兰杰因	24	2.02594	0.1594
CFR 不是 $CMCR$ 的格兰杰因		3.50176	0.0507

二、农村居民消费结构与我国生产性服务业的相关关系

对农村居民消费结构的各组成部分与我国生产性服务业占总产值比例之间的相关性进行检验，并用逐步回归法验证。结果表明，农村居民人均教育文化和娱乐消费、人均生活用品及服务消费、人均其他用品和服务消费、人均居住消费 4 个变量与生产性服务业所占比例存在强烈的相关性，其余几项与生产性服务业所占比例没有显示出相关性。表 9.6 为用最小二乘法计量的检验结果，并得到方程（9.2）。该方程显示，我国农村居民人均教育文化和娱乐消费、其他用品和服务消费、居住消费与生产性服务业所占比例呈正相关关系，而人均生活用品及服务消费与生产性服务业所占比例呈负相关关系，其他消费子项与生产性服务业所占比例没有呈现出相关性。当农村居民人均在教育文化和娱乐消费方面的支出提高 1 个百分点，生产性服务业所占比例将上升 0.144 个百分点。从格兰杰因果分析来看，生产性服务业也能促进农村居民在教育文化和娱乐方面的消费支出。农村居民在其他用品和服务方面的支出比例上升 1 个百分点，生产性服务业所占比例将上升 0.271 百分点，所以说，农村居民其他用品及服务支出对生产性服务业有很强的激励作用。农村居民在居住方面的人均支出每上升 1 个百分点，生产性服务业所占比例将上升 1.648 个百分点。但是，农村居民在生活用品及服务方面的人均支出每上升 1 个百分点，会降低生产性服务业所占比例。通过格兰杰因果检验可知，生产性服务业是我国农村居民的居住支出、教育文化和娱乐支出以及其他用品和服务支出的格兰杰因。也就是说，生产性服务业的发展能有利地促进农村居民在居住、教育文化和娱乐

以及其他用品和服务方面的支出比例。由于篇幅关系，该计量检验结果不在此列出。

表 9.6　　　农村居民消费部分要素与生产性服务业之间的相关性检验

变量	系数	标准差	t–统计量	伴随概率
RCER	0.143917	0.161986	0.888452	0.3844
RHIR	−1.395128	0.706150	−1.975683	0.0615
ROMR	0.270817	0.835823	0.324012	0.7491
RHR	1.648317	0.129639	12.71466	0.0000
截距	0.040231	0.050188	7.162898	0.4318
R^2			0.896844	
F 统计量			74.98332	

$$MS = 0.144 \times RCER - 1.40 \times RHIR + 0.271 \times ROMR + 1.648 \times RHR + 0.040$$

$$(9.2)$$

第五节　小　　结

根据以上分析，本章得出以下的结论。

首先，城镇居民和农村居民的消费结构有比较大的差异，因此生产性服务业与城乡居民的消费结构的相关关系是不一样的。对于城镇居民来说，人均食品支出和医疗保健支出与生产性服务业之间存在负相关关系，这部分消费的减少有利于产业结构的升级。而农村居民在文化娱乐、住房和杂项上的支出与生产性服务业之间存在正相关关系，家庭设备支出与现代服务存在负相关关系。显然，城乡消费结构对生产性服务业的影响是不一样的。

其次，本书认为，存在这样的差异表明，在产业结构上，城乡面对的情况是不同的。本书选取了个人消费服务，如教育、医疗保健、住宿、餐饮、文化娱乐、旅游、房地产、商品零售等；公共服务，如政府的公共管理服务、基础教育、公共卫生、医疗以及公益性信息服务等作为现代服务的组成部分。而这些服务类别在城乡分布方面存在极大的差异。要缩小城乡居民消费差异，还有赖于生产性服务业更进一步的发展，以更广泛地覆盖全体居民。当然，城乡收入差距也影响城乡居民的消费需求，不过这一问题本书不做分析。

最后，城镇居民的居住消费、生活用品及服务消费、其他用品和服务消费等没有显示出与生产性服务业的相关性，这可能是由于城镇居民在这些方面的人均消费支出稳定，从而与产业结构的变动之间没有发生相互影响，或者是与产业结构变动之间的影响机制不太明显。农村居民消费结构与生产性服务业的关系更为明显，农村居民的食品烟酒消费支出比城镇居民高近 10 个百分点，但总体呈下降趋势。而伴随这部分消费支出下降的是别的消费支出的增加。对于农民而言，教育文化和娱乐、居住以及其他用品和服务方面的支出一直较低，但随着生产性服务业的发展，农村居民也能更为便捷地消费和享受这些产品和服务。同时，广阔的农村市场又能有力地促进生产性服务业的发展。未来，随着农村收入水平的提升，农民个人消费、农村公共服务业的市场容量将有巨大的上升空间。这个市场必定能更为有效地推动生产性服务业的发展，也更有利于产业结构的升级。

需要注意的是，全球新冠肺炎疫情这一重大公共卫生事件对消费市场、消费业态，以及生产性和消费性服务业产生了巨大影响。该影响必将深远地改变当前产业，同时为产业带来快速调整和升级的机遇。

由此，本章提出几点建议。第一，为了应对资源和环境压力，我国正在进行产业结构和消费结构的升级，人们的消费也在逐步提高，由满足生存需要向满足发展和享受转变，这一转变必定能推动产业结构升级。我国相关政府部门应该从产业战略出发，采取积极措施，促进城乡居民消费的升级。比如，加快全国公共服务业的发展，提高全国社会保障的覆盖面，尤其是要加快托老、养老、残疾人服务、优抚对象服务、居民生活服务等社区服务，逐渐形成多层次、多方位、方便和配套的社区系列化服务体系；努力推进物联网的建立，进一步在全国范围内减少要素的流动成本，等等；提高教育的投入，受教育水平高的人的消费层次更高，和生产性服务业联系得更为紧密。第二，从总体上看，目前我国人均国民收入、消费水平在全球范围内仍处于较低水平，而服务业企业提供的产品和服务应与居民消费层次的差异性相适应，同时又要有前瞻性。比如，在生活用品及服务方面，由于城乡居民消费水平和消费环境的差异，对消费品的需要档次也存在差异。面对城乡居民不同的消费需求，相关企业要有针对性地进行产品定位和市场细分，实施分别定价策略。第三，我国要注重对农村消费结构升级的培育。要提高农村消费结构，一是要努力增加农民收入；二是要改善农村消费环境，如改善交通和通信、电力等基础设施，提高农民的受教育水平，以更好地让他们享受到生产性服务业发展带来的好处。第四，由于受住房、后代教育等因素的影响，我国城镇居民消费总体上没表现出与生产性服务业很强的相关性，只能说城镇居民恩格尔系数的降低能有效促进生产性服务业的发展。本书认为，城镇居民消费结构的进一步升级也需要从几方面入手：一是要让城镇居民能够更为广泛地接触到教育文化和娱乐用品及服务；二是要让城镇居民的医疗保障体系更为完善，降低其在医疗保健方面的支出和担忧；三是要让公共服务业更为完备，这既是生产性服务业本身发展的要求，也能有效促进消费结构的升级。第五，由于受新冠肺炎疫情的影响，我国应该以此为契机，在新的消费业态上加以引导。政府可以通过提质改造公共服务来参与消费市场升级，促进消费市场供给侧结构改革。特别是，基于 5G 技术，加快物联网组建，推进现代物流体系完善，降低物流成本，建立更为快捷可靠的线上消费渠道，以促进城乡融合发展。

　　总之，城乡居民消费结构的变化与生产性服务业发展之间存在比较明显的相关性，也有自身的一些特点，影响关系是复杂的。不论是从建设资源节约型社会和环境友好型"两型社会"的角度，还是从产业结构升级的角度来看，我们都要采取多种措施，主动促进消费结构的调整，同时营造有利于生产性服务业发展的良好环境，满足消费需求层次上升带来的需求，推动消费结构的改善，提高城乡居民的生活水平。

第十章　以产城融合促进新型城镇化：发挥生产性服务业的作用

从前面的分析可以得出，我国城镇化发展从注重规模进入强调质量的阶段，但城镇化发展不均衡、不充分的现状没有得到有效改变。一方面，大城市由于生产活动不断集聚、城市规模不停扩张，面临拥堵、污染等问题，发展难以持续；另一方面，许多中小城市又无力应对大城市的竞争，因要素流失、产业承载能力差而发展不足，由此造成我国大中小城市不均衡发展的现状。这表明，在高质量发展新型城镇化方面还需要付出更为艰辛的努力。要实现新型城镇化战略目标，需要良好的政策和各方协同。面对我国各级城镇产业分布不合理的现状，需要制定适当的政策，引导产业在空间上合理分布，使各级城镇和相关产业融合发展，这将是解决城镇化发展不均衡、不充分的有效路径。党的十八届三中全会通过的《中共中央关于全面深化改革若干重大问题的决定》也明确提出产业和城镇要融合发展。生产性服务业能有效促进我国产业和城镇融合发展。生产性服务业作为一个快速发展的产业，可以提升中小城镇的承载力，促进产业空间有效转移，带动城市体系网络化发展，从而为产城融合发展的新型城镇化夯实基础、开辟路径、理顺关系。

第一节　夯实产城融合发展基础：生产性服务业提升中小城镇的承载力

各级城镇具有承接相关产业发展的相关服务功能，是产城融合发展的基础。一般而言，大城市不存在产业发展不足的问题。产城融合主要涉及中小城镇产业发展问题。与大城市相比，我国中小城镇的软硬件基础设施和服务较差，极大地制约了这些城市对产业的吸引力。即便是提供优惠的土地供给和税收减免政策，优质企业也不愿意到基础环境差、缺乏集聚经济的地方发展，而面临淘汰的产业的进入又可能加重这些城市的相对劣势。所以，必须提高中小城镇的承载能力，增强中小城镇对人口要素等的集聚力，并提升其承接产业的能力。

当代生产、交易、消费等经济活动主要集聚在城市，城市已经发展为一个由人、经济组织、社会组织构成的有机体。城市具有的资源禀赋、生态环境、基础设施、产业结构和公共服务等是城市持续发展的基础，衡量城市对人口以及经济社会活动的承载能力。城市的承载力是指，在一定的经济、社会、技术和资源环境的约束下，城市能以其具有的各类资源承载的人口数量及其活动规模和强度的阈值，主要包括资源环境承载力、经济承载力和社会综合承载力。资源环境承载力是指一个城市的大气环境和水土资源对城市的承载能力。经济承载力是指在当前技术水平和生产条件下，城市经济资源总量对该空间内的人口基本生存与发展的支撑力。社会承载力是指城市提供全面、规范、公平的公共服务的能力。

通过发挥生产性服务业对提升产业发展水平、促进产业转移的作用，提高城市的资源承载力。中小城镇产业发展乏力、人口外流，而大城市产业和人口过度聚集给大城市的资源环境承载力带来了严峻的考验。为防止大城市的发展规模超过其资源环境承载力，造成不可持续发展，需要从两方面入手：一是提升大城市产业发展水平，减少粗放型产业，降低资源消耗率；二是充分发掘中小城镇的资源承载力。中小城镇可以通过建立节约型产业体系来提高发展质量，不仅要设定严格的发展边界，而且还要鼓励资源环境承载力比较好的中小城镇多积聚资金和适度聚集人口。

对于资源环境承载力这一硬约束，中小城镇应主要做四个方面的调整：第一，加强土地资源优化配置，改革土地管理制度；第二，加强水资源集约利用，建设节水型中小城镇体系；第三，发挥地区资源优势，保护性开发潜在矿产资源；第四，警示生态环境基础的脆弱性，始终贯穿在保护中开发的理念。

在城市经济承载力方面，最直接的形式是，该城市在一定时期内，经济活动所能吸纳的就业人口和其供养最优人口的数量。换句话说，经济承载力就是就业岗位的承载力。中小城镇是优化就业人口结构、提高就业承载力的关键，与大城市呈现五大空间分异，包括劳动力价格、地产租金、服务业的资本密集程度、地产投资和生活成本。随着劳动力价格的上升，大城市的地租水平不断上涨，"去工业化"趋势逐渐显著，而中小城镇由于地租低廉等，成为承载工业转移的主力军，吸纳大城市转移来的企业，并依靠自身优势集群发展产业。大城市可以通过合理运用中小城镇进行产业布局，从而发挥在分流人口、物流仓储、文体教育等方面的城市功能，使中小城镇可以更好地发展劳动密集型服务业和小企业，为工业发展提供一个更加合理优良的空间环境。除此以外，大力发展中小城镇的就业承载力可以有效解决农村剩余劳动力问题。因为中小城镇相对于大城市而言，更接近农村，农民进城的门槛、转移难度、风险等都较低，可以有效吸引农村劳动力，避免其盲目进入大城市。

在城市社会综合承载力方面，提高承载力的方式有完善产业发展功能、集聚辐射功能、宜居功能、服务功能、环境功能、创新功能等。这些方式是吸纳农业转移人口、推进农业转移人口市民化的先决条件，但目前大多数的中小城市和小城镇的功能不完善，无法提升城市社会综合承载力，以及促进产城融合。

体现城市承载能力最重要的一点就是城市公共服务。城市公共服务的有效供给是社会综合承载力发展的保证。城市良好的公共服务能为企业提供交易成本低的市场环境、降低企业的运营成本，企业生存及发展就会更为顺利。良好的公共服务能力包括完善重要基础设施、交通设施建设、科教文卫建设，以及改善住房条件、居住环境。其中，科教文卫建设是产城融合发展的关键，对吸引人才、凝聚人才起着至关重要的作用。大城市与中小城镇的教育资源不均衡，大城市的市区小学人满为患，而乡村小学却逐渐废弃。此外，大多数中小城镇在体育馆、公共图书馆方面投入不足，人民群众的文体生活质量也因此受到影响。应加强中小城镇公共服务供给的整体规模，以满足中小城镇发展需求。在快速城市化的背景下，交通拥堵、房价上涨、环境污染等各类问题的出现与恶化在很大程度上是由于经济社会活动规模的增长与公共服务供给水平难以匹配造成的。应以产城融合为目标，推进社会服务配套体系和公共服务管理体系建设，不断完善公共服务与基础设施，构建起产城融合发展的功能支撑和要素保障。通过整合各种公共服务资源与基础设施，最大限度优化产城融合发展环境。要增强中小城镇的综合承载力，依托中央商务区、特色商业区建设，大力发展生产性服务业，发展以信息服务为主的基础服务，以电子商务、金融、中介等为主的市场服务，以公共管理、医疗、教育、卫生为主的公共服务，以住宿、餐饮、娱乐、商场为主的个人消费服务，并完善与之配套的居住和服务功能。

除此以外，由于大城市的规模不断扩大，公共服务供给压力增加，人口过度集中于少数特大城市，而农村的集聚程度低，服务供给困难，因此可以通过发展中小城镇来推动农村基本消费与服务业的发展，优化服务业的空间布局，提升农村消费水平和社会化程度，为大城市服务业与农村服务业构建起桥梁，支撑大城市高层次服务业发展。要提高对中小城镇公共服务需求的有效管理，不仅需要通过严格的环境政策及管制进行有效治理，而且要通过对人口和社会经济活动的空间布局进行优化来加以干预，以防止大城市发展失衡问题再次在中小城镇上演。由此，大城市公共服务也能得到改善，缓解交通出行、环境污染、能源消耗等造成的公共服务压力，使大城市发展失衡问题得到进一步解决。

中小城镇一旦缩小与大城市在公共服务上的差距，其与上级城市产业对接的能力就会增强，由此可提高当地居民的收入和消费水平，扩大中小城镇市场规模，增强其产业吸引力。因此，国家可以在财政收入方面对中小城镇相关基础设施建设进行全国范围内的有序配置，以支持和促进中小城镇公共服务的发展。

由于城市公共服务在一定程度上依赖国家财政收入分配，公共服务供给的成本分担与收入分配应匹配。当经济收益能够支撑公共服务供给成本时，公共服务将得到进一步改善，而公共服务的提升将扩大人口和产业的规模，从而呈现良性循环的发展模式。

城市公共服务不仅对城市经济社会发展起到有力的保障作用，而且还具有显著的约束作用。城市发展方式与规模必须同公共服务供给能力相适应。当城市发展规模和方式超出现有公共服务供给能力时，公共服务难以满足城市发展的需求，城市发展失衡问题频现。长此以往，必会导致公共服务难以为继，从而形成恶性循环。

第二节　拓宽产城融合发展路径：生产性 服务业促进产业有序转移

产业和城镇融合发展的关键在于产业在市场引导和适当的政策规范下，能自发有序地进行空间转移，这是实现产城融合发展的有效路径。为了在竞争中胜出，各地制定了相关产业政策和财政支持政策，这些政策有成功的，也有失败的。然而，许多中小城镇无法吸引有竞争力的产业到当地发展，即便引进了，最终还是难以维持其长期发展。这说明，对中小城镇而言，以政策吸引产业、发展产业可能只具有短期效应。

产业空间选址主要是市场行为。在市场的引导下，产业能更好地基于内在要求来考虑各地的比较优势，因此选址主体应该是企业和产业组织本身。这意味着产业空间有序转移要从以下三个方面加以考虑。

（1）维系和完善地区产业升级转移的自组织能力。产业自组织能力是指产业自我升级及其空间结构自我重组的能力。产业自组织能力具有两个方面的显著特性。①产业自组织能力具有价值性，能够提高产业内企业的生产效率，即帮助产业内企业在创造价值和降低成本方面优于其竞争对手。从外部资源利用的角度来看，企业生产效率的提高来源于外部资源的专用性和互补性。企业外部专用性资源既来自产业内部合作伙伴，也来自产业内共同知识的积累。一方面，共同知识的积累与信任机制的建立提高了企业之间利用外部专用性资源的效率；另一方面，共同的生产性知识保证了企业技术开发的方向和效率，使企业之间的共同投资成为可能。②产业自组织能力还具有专用性，是产业内企业共享的。该共享性建立在产业自组织能力和产业内企业拥有的专业化知识的互补性的基础之上，即产业自组织能力对专业化生产交易成本的降低具有重要作用。

生产性服务业能强化产业自组织能力。自组织能力的强弱是判断自组织系统合理化程度的根本标准。而产业结构也是一个自组织系统，因而产业结构的合理化也在于其结构的合理化。我国中、东、西部各地区经济和资源环境大不相同，要想进行产业空间有序转移，必须要提高地区的产业的自组织能力，并且充分借助各地区产业的地理位置优势，在生产性服务业快速发展的背景下推进产业升级与优化，降低产业生产成本，提升价值创造力。我国西部地区疆域辽阔，资源丰富，土地资源的质量不同于东部地区和中部地区，因此可以发展适应该地区土地资源和自然条件的特色农业等。我国东部地区经济发达，产业聚集程度高，人口密集，地租成本高。面对不断攀升的成本，必须进行产业优化升级，提升价值创造力，否则无法在市场竞争中生存下来。因此，东部经济发达地区必须提高自组织能力，通过自身结构的自组织创新，从而对经济发展产生良性循环，产生源源不断的创新动力。产业自组织能力越强，越能通过自主学习和搜索，迅速压缩低效率产业的比重，提升高效率产业比重，调整、改变产业间的生产能力配置，维护和提高产业间的关联程度及效果，不断提高产业结构经济绩效。我国中部地区交通便利，工业基础良好，地区产业之间进行相互转移的自组织能力较强且可进行良好的沟通，产业内部拥有共同的知识积累，因此各产业之间具有良好的竞争、协同强度以及合理化程度。

（2）作为产业内微观主体的企业，面对市场竞争，应能在全域空间中无障碍地进行资源整合。资源整合是指企业生产组织对不同内容、不同来源、不同层次、不同结构的资源进行选择、配置、汲取并有机融合，使其具有较强的价值性、系统性和条理性，并对原有的资源体系进行重构，摒弃无价值资源，形成新核心资源体系的一个复杂的动态过程。资源整合的主客体相互结合，构成整合的内部结构。然而，企业要实现无障碍资源整合，需结合其所处环境情境，选择合适的方法进行资源整合，提升企业绩效。任何资源整合活动都是在一定的环境中进行的，整合环境是整合的必要条件。

资源整合的过程分为资源协调、资源选择、资源重构三个阶段。第一阶段是资源协调。进行资源协调是为了将企业资源有效整合起来，产生更高效的产业结构。我国各地区资源种类不同，资源丰富度也不同，可通过产业的空间有序转移，进行资源的协调配置，降低运输成本，提高合理利用资源的效率。第二阶段是资源选择。此过程包括剥离和增加资源。通过对现有资源进行评估，去除那些对企业产生低价值的资源，同时从市场上或企业内部增加新资源，从而使企业获得更大的竞争优势。中小城镇可以以大城市为中心依托，转移大城市的资源压力，依据周边大城市的资源选择，合理选择适宜该地区中小城镇发展的资源优势。同时，中小城镇产业发展定位也需依据大城市郊区产业发展与中心城市空间结构模式转变的要求进行规划，还要根据自身地理位置、资源环境、市场竞争条件等进行合理的资源整合，增强中小城镇的发展能力，缓解大城市对中小城镇人才、资源产生的虹吸效应。第三阶段是资源重构。资源重构是指产业组织通过新方式重新配置和组合现有资源的能力。资源配置过程和方式是资源整合的重点，通过资源重构，发挥企业最大价值，提升企业内部效率，有利于企业获得较高收益。西尔蒙、希特和艾尔兰（Sirmon，Hitt and Ireland，2007）认为，资源整合可分为三种方式：稳定调整、丰富细化和开拓创造。稳定调整资源整合方式是指对现有能力进行微调，以维持竞争优势；丰富细化资源整合方式是指拓展和完善现有能力，如通过学习新的技能，扩展现有技能水平；开拓创造资源整合方式是一个独特的过程，涉及整合全新的资源，需要进行探索性的学习来完成。产业内微观主体的企业通过产业空间有序转移和资源整合，尤其是通过开拓性的创造来完成资源整合，一定要让各种资源具有可分性。生产性服务业发展极大提升了资源以及产业组织的可分性，从而为中小城镇产业发展提供了可能性。在中小城镇建立专业化工业、服务业等产业，同时注意各地区发展情况，结合当地发展状况，弥补地区发展短板。

总体来说，资源配置过程包括对组织内部资源的配置和组织外部资源的调动。内部资源配置需要组织内部各部门或者管理者之间的合作，通过建立高效的沟通机制，帮助企业完成内部调动和配置资源。外部资源调动则反映了企业（管理者）的网络能力，如网络关系构建、管理和利用的能力。中小城镇可以通过地域资源共享，尽可能利用城区资源、基础设施、公共设施等来加快中小城镇企业专业化的发展。当大城市企业结构优化升级时，有些产业由于不适宜在大城市发展，从而转移到中小城镇。同时，中小城镇企业通过建立稳定的外部关系，不断地补充新的资源，并在资源配置过程中不断进行自我反馈，从而提升自身资源整合能力。经过多次资源配置，管理者对资源情况有更深刻的理解，加深对自身资源的认识，了解企业发展所需的关键资源和稀缺资源，从而帮助企业更好地进行资源积累和配置，并通过资源配置过程和一系列的自我反馈，最终提升企业的能力。

（3）政府应确保公平有序的市场环境。作为市场监护者，政府要加强对市场的监管，抑制不正当竞争，维护正当竞争，规范市场秩序。政府可以通过以下两个方面建立公平有序的市场环境。一是在立法方面，政府应制定维护市场公平竞争的法律体系，包括确立市场主体平等地位、规范市场主体竞争行为、维护竞争者正当权益，以及在市场主体遭遇不公平竞争时给予保障的法律。二是在执法方面，严格依法行政，以统一、公平、合理的方式执行法律，保障法律得以公平公正实施。

中小城镇企业的资产大多属于个人资产，对企业诚信的评判具有更多的复杂性和可变性，所以建立中小城镇企业诚信体系尤为重要。政府可以从企业盈利能力、营运能力、发展能力入手，建立企业诚信体系。评价中小城镇企业的偿债能力可以从资产负债率、流动比率、现金比率这三个方面入手。其中，盈利能力可以用企业销售利润率和总资产报酬率进行衡量；营运能力可以用应收账款周转率、流动资产周转率和存货周转率这三个指标进行衡量。科学合理地建立中小城镇企业诚信体系，评价企业诚信状况，规范中小城镇市场环境，完善社会信用系统，有利于提高集群内部成员间的信任度，降低社会交易成本，创造产业集群健康成长的良好环境。另外，还应通过政府和群众监管，保证评价系统的科学独立、客观公正，确保诚信评价系统的公信力。

除此之外，政府还要深刻把握当前世界产业发展的趋势，结合产业发展的现实，完善相关制度体制，顺势引导产业自组织能力的发挥。一定要注意防止扭曲空间区位，刻意干预产业自我转移的情况发生。比如，近年来引起关注的生产性服务业就是产业自组织产生的新的行业形态。该行业能变革生产流程，改变城市经济活动空间分布，具有加强城市产业协同和城市间产业扩散的作用，能有力地促进城镇与产业融合发展。生产性服务业优先在超大城市发生、发展，促进多样化。同时，生产性服务业为生产环节分裂、生产过程空间分散提供了可能，一些制造业或者生产环节因此会向中小城镇转移。如果这些城市承载能力好，中小城镇产业就能向专业化发展。大城市产业多样化和中小城镇产业专业化使各级城镇有了相对产业分工。在这一过程中，政府主要是创造社会环境和条件，不过度对经营不善的企业进行财政补贴，使企业在实施拆分、兼并、迁移或破产等行为时，企业成本和社会成本相对较低。微观主体对市场变化的自我抉择有利于产业空间转移和重组。

第三节 理顺产城融合发展关系：生产性服务业带动城市体系网络化

城镇化是生产与消费活动向以城镇为中心的空间集聚的发展过程，城镇化程度体现了社会经济发展的水平。目前，我国城镇化正处于加速发展阶段。城市体系具有明显的层级结构，城市间存在很强的竞争，甚至存在产业冲突。这导致我国产业重复建设、产能过剩，市场过度竞争现象相当突出，还加重了我国城镇化发展的不均衡，并导致产城融合度不高。同时，城镇化面临发展差异大、产业同质化、小城镇缺乏活力、大城市遭受城市病等一系列问题。这些问题的形成与我国城镇体系的层级结构有关，而层级体系结构又由于服务业发展滞后而得以强化。通过发展生产性服务业，促使城镇体系从层级向网络体系转变，是实现我国新型城镇化战略的关键。

我国城镇体系具有很强的层级特征，具体表现为，在一个区域城市体系中，高一级城市一般与低一级城市存在行政关系；不同层级城市之间的人均收入以及公共服务水平存在极大差异；不同层级城市之间是单向关系，即低一级城市在功能上依附于上级城市；同一层级城市之间的经济活动具有同质性，导致过度竞争。这种层级体系使区域中心城市拥有强大的经济集聚效应，弱化了中小城市和乡镇的经济发展能力，城镇协调发展难以实现，加剧了我国二元结构下的区域不平衡、收入不平等现象。要改变这一状况，使各级城市之间建立良好的互动经济关联，就要推动城镇体系向网络结构演变。

为了保证产城融合发展，一定要修正当前过于层级化的城市关系，并建立网络化关联的城市体系，使各种规模的中小城市或乡镇能够根据比较优势，分别承担生产的各个环节，由此进行多样化或专业化的产业发展。

网络化城市体系需要优化城市关系，在行政关联的基础上增强市场关联，通过交通网络基础建设、发展全体系无障碍物流以及减少流通成本等来提高各城市之间的地理关联。

网络结构的城镇体系能有效改善城市行政关联。要改善城市行政关联，需要完善对地方政府行政绩效的考核方式，改变唯国民生产总值至上的考核标准。不同行政区的政府通过行政垄断、直接投资、税收优惠、产业政策、财政补贴、用地指标等地方性政策，影响或者直接干预市场活动和经济发展过程，导致城市经济发展状况不仅受市场机制作用的影响，而且还受政府行政因素的影响。在同属一个行政区域内的城市之间，行政因素对经济影响的差异相对较小；而对于非同一行政区域内的城市，行政因素影响的差异更大。从行政所属关系来看，同一行政区域内的城市间的社会经济联系相对紧密，更有利于经济增长的空间外溢；对于非同一行政区域内的城市，由于"行政区经济"的存在，经济溢出的空间扩散可能会因行政边界的阻隔而受到抑制。同时，对于属于同一行政范围、具有同等行政层级的城市，由于处于统一的行政体系下，在城市规划、基础设施建设、行政管理、市场规则等方面具有一致性，相互之间经济溢出的渠道更通畅。

网络结构的城镇体系能有效增强城市市场关联。要增强市场关联，应加快完善市场一体化，加紧规范各产业进入、退出的门槛，并采取适当措施来降低各地市场交易成本。比如，加强司法对市场交易的保护，提高违法成本，建立全企业征信查询系统，使企业在实施剥离生产、兼并等涉及企业间交易行为时能得到有效保护，提高企业效率，优化产业结构。

网络结构的城镇体系能有效提高城市地理关联。在一些发达国家，由于信息技术的发展、服务经济的形成、社会分工的深化，以及生产环节的不断分散，企业为保持竞争优势，需要在更大范围内寻求资源配置，发展城市网络体系。这是一种城市间在生产与功能上的协同、互补的网络关系，各节点城市相联系，形成专业化分工、产业链关联和规模经济效应，即便是下级小城镇也能从网络生产体系中共享收益。而这种协同与互补效应能否得以发挥，生产性服务业的发展是关键。

在网络化城市体系建设中，要充分发挥生产性服务业的作用。服务业，尤其是生产性服务业，具有生产性、网络性和城市集聚性等特点，能加快生产过程的分散，企业生产因此能突破空间约束，在更大范围内安排生产、配置资源、提高效率。而这种新生产模式的实现是由于生产性服务业提供了要素流动的网络结构基础。城市网络体系强调网络一体化的协同性和专业化分工的互补性，需要现代交通、物流、信息网络系统、现代金融等生产性服务业的高度发展，否则城市网络难以建立。城市空间专业化分工需要研发、设计、咨询、会计、法律等专业服务业的发展。因此，城市网络与生产性服务业之间具有天然的紧密关系。

专业服务、现代金融、信息技术服务等知识密集型生产性服务业必须在城市中集聚发展，需要城市提供良好的基础设施等公共服务。在一个公共服务水平低的城市，这些专业服务难以发展。同时，因为生产性服务业是知识密集型行业，其从业者对居住环境有更高的要求，这就意味着相应城市要能提供高水平的消费性服务。在城市体系中，如果各城市的消费性服务和公共服务差距很大，专业化分工和产业区域分布将难以形成网络化布局，从而会出现经济活动向核心城市过度集聚，城市体系层级结构也因此而被强化。然而，生产性服务业能极大减少地理空间对生产的约束，促进产业分化和空间转移。这样各级城市就能更好地依靠自身的比较优势来发展相关产业，形成城市之间的协作关系。由此可见，城市网络化有赖于生产性服务业的发展。

由于城市体系层级结构和生产性服务业发展滞后，我国目前追求协调发展的新型城镇化进程受到了极大影响。层级结构约束了中小城镇的发展，中小城镇落后的生产性服务业又强化了层级结构。以生产性服务业来优化城镇体系是消除这一约束的关键。

优化我国城市体系结构，促进我国城镇化发展，必须从以下几点着手。

首先，通过政府发展公共服务业，促进完善城市互补、协同网络所需要的基础平台。我国公共服务水平在区域之间、城市之间和城乡之间存在很大差距。可以考虑先从区域内的公共服务水平一致化入手，然后再追求国家整体公共服务水平一致。在具体公共服务的供给方面，要注意做到教育服务、社会保障、政策环境和人居环境水平的区域内平等。这些基本公共服务是各级城市、乡镇之间协同发展的保障。没有大致相同的公共服务，劳动者的生活成本会有巨大差别，企业的隐性生产成本在区位上也会有很大的差异，产业分工在空间上难以向公共服务水平低的城镇延伸。

其次，放宽对消费性服务业的各种约束，加大中小城镇消费性服务业的发展。我国商贸、餐饮、配送等消费性行业在小城镇的发展远落后于大中城市。小城镇的市场规模有限，小城镇居民的收入水平和消费能力都落后于大中城市，加之我国交通物流成本较高，这些因素制约了中小城镇消费性服务业的发展。所以，如何降低我国交通物流成本，同时提高中小城镇居民收入水平就显得十分迫切。一方面，需要想办法降低物流成本，比如降低各种交通通行费用，取消各城市的市场门槛性政策等。另一方面，依托"十二五"规划提出的"收入倍增"计划，通过发展中小城镇的相关产业，提高中小城镇居民的收入水平及消费能力。

最后，发展生产性服务业是城市网络结构建设的关键。生产性服务业一般先集聚在发达的大城市，随着大城市的产业结构升级，制造产业逐步通过产业链延伸、生产分散化等过程在空间上迁移，从而使经济活动在空间上均衡分布。现代制造业具有促进现代物流、金融、研发、会计、法律等行业发展的作用。只有结合制造业的发展，生产性服务业才能有发展的基础。生产性服务业是知识密集型行业，需要大量高素质高技术人才，也是大学生就业的主要部门。因此，需要政府在教育方面加大投入，同时也需要企业在其特殊的人力资本上加大投入。

参 考 文 献

[1] 埃比尼泽·霍华德. 明日的田园城市 [M]. 金经元, 译. 北京: 商务印书馆, 2009.

[2] 卞曰瑭, 何建敏, 庄亚明. 基于 Lotka – Volterra 模型的生产性服务业发展机理研究 [J]. 软科学, 2011 (1): 36 – 40.

[3] 蔡昉, 都阳. 区域差距、趋同与西部开发 [J]. 中国工业经济, 2001 (2): 48 – 54.

[4] 曾芬钰. 论城市化与产业结构的互动关系 [J]. 经济纵横, 2002 (10): 19 – 22.

[5] 曾世宏, 高亚林. 互联网技术创新驱动服务业转型升级的机理、路径与对策 [J]. 湖南科技大学学报 (社会科学版), 2016, 19 (5): 123 – 127.

[6] 曾世宏, 郑江淮, 丁辉关. 国外服务业生产率研究: 一个文献综述 [J]. 产业经济评论, 2010 (2): 138 – 159.

[7] 陈斌开, 张鹏飞, 杨汝岱. 政府教育投入、人力资本投资与中国城乡收入差距 [J]. 管理世界, 2010 (1): 36 – 43.

[8] 陈建华. 信息化、产业分工协作和经济服务化研究 [J]. 社会科学, 2010 (8): 43 – 50 + 188.

[9] 陈菁菁. 空间视角下的生产性服务业与制造业的协调发展研究 [D]. 杭州: 浙江大学, 2011.

[10] 陈美玲. 城市群相关概念的研究探讨 [J]. 城市发展研究, 2011, 18 (3): 5 – 8.

[11] 陈明星, 叶超, 陆大道, 等. 中国特色新型城镇化理论内涵的认知与建构 [J]. 地理学报, 2019, 74 (4): 633 – 647.

[12] 陈晓春, 蒋道国. 新型城镇化低碳发展的内涵与实现路径 [J]. 学

术论坛，2013，36（4）：123－127.

　　[13] 陈映芳．"农民工"：制度安排与身份认同 [J]．社会学研究，2005（3）：119－132.

　　[14] 程大中，陈福炯．中国服务业相对密集度及对其劳动生产率的影响 [J]．管理世界，2005（2）：77－84.

　　[15] 程大中．中国生产性服务业的水平、结构及影响——基于投入—产出法的国际比较研究 [J]．经济研究，2008（1）：76－88.

　　[16] 褚志远，何炼成．整体趋同中的结构差异：西北五省区与全国第三产业发展的比较 [J]．华东理工大学学报（社会科学版），2007（1）：42－47.

　　[17] 戴宾．城市群及其相关概念辨析 [J]．财经科学，2004（6）：101－103.

　　[18] 单卓然，黄亚平．"新型城镇化"概念内涵、目标内容、规划策略及认知误区解析 [J]．城市规划学刊，2013（2）：16－22.

　　[19] 邓子基．关于财政支农问题的若干理论思考 [J]．福建论坛（人文社会科学版），2004（7）：4－9.

　　[20] 杜传忠，马武强．信息化与我国产业结构的跨越式升级 [J]．山东社会科学，2003（4）：68－70.

　　[21] 范秀成，杜建刚．服务质量五维度对服务满意及服务忠诚的影响——基于转型期间中国服务业的一项实证研究 [J]．管理世界，2006（6）：111－118.

　　[22] 冯泰文．生产性服务业的发展对制造业效率的影响——以交易成本和制造成本为中介变量 [J]．数量经济技术经济研究，2009，26（3）：56－65.

　　[23] 盖爽，岑咏华．传统信息服务业在企业信息化中的策略研究 [J]．情报科学，2002（5）：473－475.

　　[24] 高觉民，李晓慧．生产性服务业与制造业的互动机理：理论与实证 [J]．中国工业经济，2011（6）：151－160.

　　[25] 辜胜阻，刘传江，钟水映．中国自下而上的城镇化发展研究 [J]．中国人口科学，1998（6）：3－5.

　　[26] 顾乃华，李江帆．中国服务业技术效率区域差异的实证分析 [J]．

经济研究, 2006 (1): 46 – 56.

[27] 顾乃华. 生产性服务业对工业获利能力的影响和渠道——基于城市面板数据和 SFA 模型的实证研究 [J]. 中国工业经济, 2010 (5): 48 – 58.

[28] 顾益康, 邵峰. 全面推进城乡一体化改革——新时期解决"三农"问题的根本出路 [J]. 中国农村经济, 2003 (1): 20 – 26.

[29] 郭怀英. 以信息化促进服务业现代化研究 [J]. 经济研究参考, 2008 (10): 41 – 53.

[30] 郭克莎. 我国产业结构变动趋势及政策研究 [J]. 管理世界, 1999 (5): 73 – 83.

[31] 郭熙保, 韩纪江. 论后发地区的产业选择——以广西西江经济带为例 [J]. 求索, 2012, 40 (4): 5 – 7.

[32] 郭志仪, 姚敏. 我国工业的地区专业化程度 [J]. 经济管理, 2007 (15): 17 – 22.

[33] 韩峰, 李玉双. 产业集聚、公共服务供给与城市规模扩张 [J]. 经济研究, 2019, 54 (11): 151 – 166.

[34] 简新华, 黄琨. 中国城镇化水平和速度的实证分析与前景预测 [J]. 经济研究, 2010, 45 (503): 30 – 41.

[35] 江小涓. 服务全球化的发展趋势和理论分析 [J]. 经济研究, 2008 (2): 4 – 18.

[36] 江小涓. 服务业增长: 真实含义、多重影响和发展趋势 [J]. 经济研究, 2011, 46 (4): 4 – 14.

[37] 姜爱林. 城市信息化: 城市化与信息化协调发展的有机范式 [J]. 科技导报, 2002 (11): 60 – 63.

[38] 静江, 刘志彪, 于明超. 生产者服务业发展与制造业效率提升: 基于地区和行业面板数据的经验分析 [J]. 世界经济, 2007 (8): 52 – 62.

[39] 柯善咨. 中国城市与区域经济增长的扩散回流与市场区效应 [J]. 经济研究, 2009, 44 (8): 85 – 98.

[40] 孔善右, 唐德才, 程俊杰. 江苏省服务业发展、城市化与要素集聚的实证研究 [J]. 管理工程学报, 2009, 23 (1): 167 – 170.

[41] 李程骅. 科学发展观指导下的新型城镇化战略 [J]. 求是, 2012

（14）：35 – 37.

[42] 李松庆. 生产性服务业的空间布局研究：文献综述与展望 [J]. 广东工业大学学报（社会科学版），2011，11（5）：16 – 22.

[43] 梁向东，贺正楚. 城乡居民消费结构与生产性服务业发展的关系研究 [J]. 财经理论与实践，2013（6）：97 – 101.

[44] 梁向东，潘杰波，吴艳. 信息化与现代服务业发展：测度、协同和融合的研究视角 [J]. 系统工程，2013，31（11）：121 – 126.

[45] 林光彬. 等级制度、市场经济与城乡收入差距扩大 [J]. 管理世界，2004（4）：30 – 40.

[46] 刘继国，李江帆. 国外制造业服务化问题研究综述 [J]. 经济学家，2007（3）：119 – 126.

[47] 刘书瀚，贾根良. 生产性服务业：构建中国制造业国家价值链的关键 [J]. 学术月刊，2012（44）：60 – 67.

[48] 刘渝琳，彭吉伟. 服务业产业内贸易对城乡居民收入差距的影响 [J]. 经济问题探索，2010（4）：1 – 6.

[49] 卢锐. 信息化提升江苏服务业竞争力研究 [J]. 生产力研究，2006（2）：142 – 143，161.

[50] 陆铭，陈钊. 城市化、城市倾向的经济政策与城乡收入差距 [J]. 经济研究，2004（6）：50 – 58.

[51] 陆铭. 城市、区域和国家发展——空间政治经济学的现在与未来 [J]. 经济学（季刊），2017，16（4）：1499 – 1532.

[52] 吕政，刘勇，王钦. 中国生产性服务业发展的战略选择——基于产业互动的研究视角 [J]. 中国工业经济，2006（8）：5 – 12.

[53] 马晨，李瑾. "互联网＋"时代我国现代农业服务业的新内涵、新特征及动力机制研究 [J]. 科技管理研究，2018，38（2）：196 – 202.

[54] 倪咸林. 城乡再平衡进程中的乡村社会治理及其路径：以新型城镇化为背景 [J]. 理论月刊，2019（454）：109 – 115.

[55] 欧阳敏华，王厚俊. 广东省服务业增长与城市化发展关系的动态计量分析 [J]. 统计与决策，2011（4）：94 – 96.

[56] 帕特里克·格迪斯. 进化中的城市 [M]. 李浩，等. 译. 北京：中

国建筑工业出版社，2012.

　　［57］潘文卿．中国的区域关联与经济增长的空间溢出效应［J］．经济研究，2012，47（1）：54－65.

　　［58］钱学锋，陈勇兵．国际分散化生产导致了集聚吗：基于中国省级动态面板数据 GMM 方法［J］．世界经济，2009，32（12）：27－39.

　　［59］饶会林，丛屹．再谈城市规模效益问题［J］．财经问题研究，1999（10）：56－58.

　　［60］沈坤荣，马俊．中国经济增长的"俱乐部收敛"特征及其成因研究［J］．经济研究，2002（1）：33－39＋94－95.

　　［61］沈玉芳，刘曙华．长三角地区生产性服务业布局的结构与趋势分析［J］．城市发展研究，2011，18（4）：57－64.

　　［62］沈玉芳，张超．论长江三角洲未来产业整合战略［J］．上海经济，2001（9）：23－25.

　　［63］盛丰．生产性服务业集聚与制造业升级：机制与经验［J］．产业经济研究，2014（2）：32－39.

　　［64］孙崇明，叶继红．"等级制"下的城镇化治理风险与改革路径——基于"反梯度理论"的探讨［J］．学习与实践，2018（415）：61－68.

　　［65］汪斌，余冬筠．中国信息化的经济结构效应分析——基于计量模型的实证研究［J］．中国工业经济，2004：22－29.

　　［66］王崇举．生产性服务业发展与城乡统筹［J］．社会科学，2008（3）：112－116.

　　［67］王军生，张晓棠，宋元梁．城市化与产业结构协调发展水平研究——以陕西省为例的实证分析［J］．经济管理，2005（22）：81－88.

　　［68］王凯，李海涛，张全，等．新疆新型城镇化的内涵与路径思考［J］．城市规划学刊，2017（S2）：111－115.

　　［69］王少平，欧阳志刚．我国城乡收入差距的度量及其对经济增长的效应［J］．经济研究，2007，42（10）：44－55.

　　［70］王颂吉，白永秀．中国城乡二元经济结构的转化趋向及影响因素——基于产业和空间两种分解方法的测度与分析［J］．中国软科学，2013（8）：92－103.

［71］王尉东．城市化与产业结构的关系［J］．华东经济管理，2003，17（5）：36－38.

［72］王西玉，崔传义，赵阳．打工与回乡：就业转变和农村发展——关于部分进城民工回乡创业的研究［J］．管理世界，2003（7）：99－109.

［73］王小鲁，樊纲．中国收入差距的走势和影响因素分析［J］．经济研究，2005（10）：24－36.

［74］王新越，宋飏，宋斐红，等．山东省新型城镇化的测度与空间分异研究［J］．地理科学，2014，34（9）：1069－1076.

［75］王雪丽．双重挑战下的中国城市化未来发展问题初探［J］．理论与现代化，2010（4）：27－30.

［76］王耀中，张阳．信息化是生产性服务业发展的重要推动力［N］．光明日报，2009－12－08.

［77］王迎春，张婧，王艳丽，等．我国"农民断层"问题的现状及其原因［J］．中国农业资源与区划，2013，34（6）：187－191.

［78］韦曦．城市化与产业结构耦合关系的实证分析——以梧州市为例［J］．中国集体经济，2011（4）：45－46.

［79］魏后凯．面向21世纪的中国城市化战略［J］．管理世界，1998（1）：3－5.

［80］吴标兵，许为民，许和隆，等．大数据背景下科技服务业发展策略研究［J］．科技管理研究，2015，35（10）：104－109.

［81］吴福象，刘志彪．城市化群落驱动经济增长的机制研究——来自长三角16个城市的经验证据［J］．经济研究，2008（43）：127－137.

［82］夏杰长，刘奕，顾乃华．制造业的服务化和服务业的知识化［J］．国外社会科学，2007（4）：8－13.

［83］肖挺，刘华．服务业生产效率异质性对城乡收入差距影响研究［J］．管理科学，2013，26（4）：103－112.

［84］谢康，肖静华，乌家培．中国工业化与信息化融合的环境、基础和道路［J］．经济学动态，2009（2）：28－31.

［85］谢康，肖静华，周先波，等．中国工业化与信息化融合质量：理论与实证［J］．经济研究，2012，47（1）：4－16，30.

［86］辛本禄，王今．大数据时代生产性服务业信息服务模式探究［J］.情报资料工作，2018（6）：81－89.

［87］徐毅，张二震．外包与生产率：基于工业行业数据的经验研究［J］.经济研究，2008（1）：103－113.

［88］闫小培，钟韵．区域中心城市生产性服务业的外向功能特征研究——以广州市为例［J］.地理科学，2005（5）：27－33.

［89］杨翠迎．中国社会保障制度的城乡差异及统筹改革思路［J］.浙江大学学报（人文社会科学版），2004（3）：13－21.

［90］杨胜刚，杨建模．城市化与第三产业发展：基于湖南的实证分析［J］.商业研究，2010（3）：143－147.

［91］杨小柳．民族地区新型城镇化发展路径探略：基于新发展理念的分析［J］.广西民族大学学报（哲学社会科学版），2019，41（1）：102－108.

［92］杨仪青．区域协调发展视角下我国新型城镇化建设路径探析［J］.现代经济探讨，2015（5）：35－39.

［93］杨主泉．旅游业与新型城镇化协同发展机理研究［J］.社会科学家，2018（258）：86－91.

［94］姚士谋，陈振光，朱英明．中国城市群［M］.安徽：中国科学技术大学出版社，2006.

［95］姚先国，赖普清．中国劳资关系的城乡户籍差异［J］.经济研究，2004（7）：82－90.

［96］尹虹潘，刘渝琳．改革开放以来的"中国式"城市化演进路径［J］.数量经济技术经济研究，2016（5）：65－83.

［97］于伟，张鹏，姬志恒．高技术产业集聚与区域研发效率的空间交互溢出效应——基于空间联立方程的实证研究［J］.经济问题探索，2019，441（4）：125－134.

［98］余东华，信婧．信息技术扩散、生产性服务业集聚与制造业全要素生产率［J］.经济与管理研究，2018，39（12）：63－76.

［99］俞彤晖．流通产业集聚、地区经济效率与城乡收入差距［J］.经济经纬，2018，35（4）：94－100.

［100］岳希明．我国服务业增加值的核算问题［J］.经济研究，2002

（12）：51 – 59.

［101］张劲. 在信息化与工业化融合中构建西部现代产业体系［J］. 天府新论，2010（3）：36 – 39.

［102］张京祥. 对我国城市化研究的再考察［J］. 地理科学，1998（6）：3 – 5.

［103］张俊. 高铁建设与县域经济发展 —— 基于卫星灯光数据的研究［J］. 经济学（季刊），2017，16（4）：1533 – 1562.

［104］张辽，王俊杰. 中国制造业两化融合水平测度及其收敛趋向分析——基于工业信息化与信息工业化视角［J］. 中国科技论坛，2018（5）：32 – 40，70.

［105］张小蒂，孙景蔚. 基于垂直专业化分工的中国产业国际竞争力分析［J］. 世界经济，2006（5）：12 – 21.

［106］张亚军，干春晖，郑若谷. 生产性服务业与制造业的内生与关联效应 —— 基于投入产出结构分解技术的实证研究［J］. 产业经济研究，2014（6）：81 – 90.

［107］张益丰，刘东，侯海菁. 生产者服务业产业集聚与产业升级的有效途径 —— 基于政府规制视角的理论阐述［J］. 世界经济研究，2009（9）：3 – 7.

［108］张月友，闫星宇. 我国现代服务业主导产业选择研究［J］. 中国工业经济，2010（6）：75 – 84.

［109］张占斌. 新型城镇化的战略意义和改革难题［J］. 国家行政学院学报，2013（1）：48 – 54.

［110］章国兴. 试论重庆中心城市群网络系统的构建［J］. 探索，1999（3）：69 – 71.

［111］赵德海，段炼. 现代服务业、制造业服务化与战略性新兴产业［J］. 科学管理研究，2011（4）：16 – 19.

［112］郑吉昌. 基于服务经济的服务业与制造业的关系［J］. 数量经济技术经济研究，2003（12）：110 – 112.

［113］郑江淮，高春亮. 国际制造业资本转移、最优产业配套与政策转变［J］. 中国工业经济，2005（2）：29 – 36.

［114］周大鹏. 制造业服务化研究 —— 成因、机理与效应［D］. 上海：上海社会科学院，2010.

［115］周天勇，张弥. 我国第三产业发展方略［J］. 财经问题研究，2010（9）：3 - 7.

［116］周文静，李凌，张瑞林，等. 体育特色小镇建设与新型城镇化耦合发展机理、演化模式与发展路径［J］. 武汉体育学院学报，2019，53（2）：33 - 39.

［117］周月书，王悦雯. 二元经济结构转换与城乡资本配置效率关系实证分析［J］. 中国农村经济，2015（3）：44 - 55.

［118］A. Lewis. Economic Development with Unlimited Supplies of Labour［J］. The Manchester School，1954，22（2）：139 - 191.

［119］A. Losch. Die Raeumliche Ordnung der Wirtschaft［M］. New York：Yale University Press，1940.

［120］A. J. Scott. New Industrial Spaces：Flexible Production Organization and Regional Development in North American and Western Europe［M］. London：Pion，1988.

［121］Aimin Chen. Urbanization and Disparities in China：Challenges of Growth and Development［J］. China Economic Review，2002（13）：407 - 411.

［122］Alex Anas，Richard Arnott，Kenneth A. Small. Urban Spatial Structure［J］. Journal of Economic Literature，1998，36（3）：1426 - 1464.

［123］Allan Pred. A Choreography of Existence—Comments On Hägerstrand's Time-Geography and Its Usefulness［J］. Economic Geography，1977，53（4）：19 - 50，207.

［124］Allan Pred. On The Spatial Structure of Organizations And The Complexity Of Metropolitan Interdependence［J］. Papers in Regional Science，1975，35（1）.

［125］Allan Pred. The Academic Past Through a Time-Geographic Looking Glass［J］. Annals of the Association of American Geographers，1979，69（1）：175 - 180.

［126］Amos Hawley. Human Ecological and Marxian Theories［J］. American

Journal of Sociology, 1984 (89): 904 – 917.

[127] Anselmo de Castro Eduardo, Jensen-Butler Chris. Demand for information and communication technology-based services and regional economic development [J]. Papers in Regional Science, 2003 (82): 27 – 50.

[128] Antonio Ciccone, Robert E. Hall. Productivity and the Density of Economic Activity [J]. The American Economic Review, 1996, 86 (1): 54 – 70.

[129] Bendik Bygstad, Gjermund Lanestedt. ICT based service innovation—A challenge for project management [J]. International Journal of Project Management, 2009 (27): 234 – 242.

[130] Benjamin Chinitz. Contrast in Agglomeration: New York and Pittsburgh [J]. The American Economic Review, 1961, 51 (5): 279 – 289.

[131] C. L. Wayne Moore. A Social and Economic Impact Analysis of Community Business Development: Leather Finishing in a Small Town [D]. State of Texas: Texas Tech University philosophy, 1999.

[132] Catherine Beaudry, Andrea Schiffauerova. Who's right, Marshall or Jacobs? The localization versus urbanization debate [J]. Research Policy, 2009, 38 (2): 318 – 337.

[133] Chenery B. Hollis. Growth and Structural Change [J]. Finance and Development, 1971, 8 (3): 16 – 27.

[134] Clive W. J. Granger. Time Series Concepts for Conditional Distributions [J]. Oxford Bulletin of Economics and Statistics, 2003, 65 (1): 689 – 701.

[135] D. G. Sirmon, M. A. Hitt and R. D. Ireland. Managing firm resources in dynamic environments to create value: Looking inside the black box [J]. Academy of Management Review, 2007, 32 (1): 273 – 292.

[136] D. Hare. Push Versus Pull Factors in Migration Outflows and Returns: Determinants of Migration Status and Spell Duration Among China's Rural Population [J]. Journal of Development Studies, 1999, 35 (3): 45 – 72.

[137] D. J. Graham. Identifying urbanisation and localisation externalities in manufacturing and service industries [J]. Papers in Regional Science, 2009, 88

（1）：63 – 84.

[138] D. L. Barkley, M. S. Henry. Rural Industrial Development: To Cluster or Not to Cluster [J]. Review of Agricultural Economics, 1997, 19（2）: 308 – 325.

[139] D. P. Lindahl. The Creation of Competitive Advantage by Producer Service Establishments [J]. Economic Geography, 1999, 75（1）: 1 – 20.

[140] Dale W. Jorgenson, S. Mun, Kevin J. Stiroh. A Retrospective Look at the US Productivity Resurgence [J]. Journal of Economic Perspectives, 2008, 22（1）: 3 – 24.

[141] David Batten. Network Cities: Creative Urban Agglomerations for the 21stCentury [J]. Urban Studies, 1995, 32（2）: 313 – 327.

[142] Dongsoo Kim. Urbanilization and economic growth: the effects of urban structure [D]. Washington D. C. : The George Washington University, 2007.

[143] Dorothy J. Solinger. Contesting Citizenship in Urban China [M]. Berkeley: University of California Press, 1999.

[144] E. Chamberlin. Theory of monopolistic competition [M]. Massachusetts: Harvard University Press, 1933.

[145] E. E. Leamer, M. Storper. The Economic Geography of the Internet Age [J]. Journal of International Business Studies, 2001, 32（4）: 641 – 665.

[146] E. G. Ravenstein. The laws of migration [J]. Journal of the Statistical Society of London, 1885, 48（2）: 167 – 235.

[147] E. L. Ullman. American commodity flow [M]. Seattle: University of Washington Press, 1957.

[148] Edgar Malone Hoover, Raymond Vernon. Anatomy of a Metropolis [J]. Land Economics, 1959, 36（3）: 380 – 382.

[149] Edgar Malone Hoover. Spatial Price Discrimination [J]. Review of Economic Studies, 1937, 4（3）: 182 – 191.

[150] Edward L. Glaeser, Kallal H D, Scheinkman, José A, et al. Growth in Cities [J]. Journal of Political Economy, 1992, 100（6）: 1126 – 1152.

[151] Edward L. Glaeser, Joshua D. Gottlieb. The Wealth of Cities:

Agglomeration Economies and Spatial Equilibrium in the United States [J]. Journal of Economic Literature, 2009, 47 (4): 983 – 1028.

[152] Elizabeth Currid, James Connolly. Patterns of Knowledge: The Geography of Advanced Services and the Case of Art and Culture [J]. Annals of the Association of American Geographers, 2008, 98 (2): 414 – 434.

[153] Fan Yang Fiona, G. O. Yeh Anthony, Wang Jiejing. Regional effects of producer services on manufacturing productivity in China [J]. Applied Geography, 2018, 97 (4): 263 – 274.

[154] Fernando F. Suarez, Michael A Cusumano, Steven J. Kahl. Services and the Business Models of Product Firms: An Empirical Analysis of the Software Industry [J]. Management Science, 2013, 59 (2): 420 – 435.

[155] Francois J F. Producer Services, Scale, and the Division of Labor [J]. Oxford Economic Papers, 1990, 42 (4): 715 – 729.

[156] Frank Neffke, Martin Henning, Ron Boschma, Boschma R. How Do Regions Diversify over Time Industry Relatedness and the Development of New Growth Paths in Regions [J]. Economic Geography, 2011, 3 (87): 237 – 265.

[157] Frank Schweitzer. Economic Agglomeration [M]. Heidelberg: Springer Berlin Heidelberg, 2007.

[158] G. Duranton, D. Puga. Micro-foundations of urban increasing returns: theory [J]. Hetecon Net, 2004 (11): 363 – 375.

[159] G. Duranton. From Cities to Productivity and Growth in Developing Countries [J]. The Canadian Journal of Economics/Revue canadienned' Economique, 2008, 41 (3): 689 – 736.

[160] Gilles Duranton, Diego Puga. From sectoral to functional urban specialization [J]. Journal of Urban Economics, 2005 (2): 343 – 370.

[161] Giulia Nardelli. The Complex Relationship between ICT and Innovation in Services: A Literature Review [M]. Germany: Springer Berlin Heidelberg, 2012.

[162] Giuseppe Dematteis. I piani paesistici uno stimolo a ripensare il paesaggio geografico [J]. Rivista Geografica Italiana, 1989, 96 (3): 445 – 457.

[163] Giuseppe Dematteis. Per progettare il territorio [J]. 1991.

[164] H. Abdel-Rahman, M. Fujita. Product Variety, Marshallian Externalities and City Sizes [J]. Journal of Regional Science, 1990, 30 (2): 165 – 183.

[165] H. Bleakley, J. Lin. History and the Sizes of Cities [J]. The American Economic Review, 2015, 5 (105): 558 – 563.

[166] H. Hanssens, B. Derudder, F. Witlox. Are advanced producer services connectors for regional economies? An exploration of the geographies of advanced producer service procurement in Belgium [J]. Geoforum, 2013 (47): 12 – 21.

[167] Hans Westlund. An interaction-cost perspective on networks and territory Interaction-cost perspective on networks [J]. The Annals of Regional Science, 1999, 33 (1): 93 – 121.

[168] Harley Browning, Joachim Singelmann. The Transformation of the US. Labor Force: The Interaction of Industry and Occupation [J]. Politics and Society, 1978 (8): 481 – 509.

[169] Harry Greenfield. Manpower and the Growth of Producer Services [M]. Oregon: Columbia University Press. 1966.

[170] Herbert G. Grubel, Michael A. Walker. Service Industry Growth: Causes and Effects [M]. Canada: Fraser Institute, 1989.

[171] Ilan Salomon. Telecommunications, cities and technological opportunism [J]. The Annals of Regional Science, 1996 (30): 75 – 90.

[172] J. Francois, J. Woerz. Producer Services, Manufacturing Linkages, and Trade [J]. Social Science Electronic Publishing, 2008, 8 (3 – 4): 199 – 229.

[173] J. Kolko, D. Neumark. Does local business ownership insulate cities from economic shocks? [J]. Journal of Urban Economics, 2010, 67 (1): 103 – 115.

[174] J. Trullen, R. Boix. Economia della conoscenza e reti di citta: Citta creative nell'era della conoscenza [J]. Sviluppo Locale, 2001, 18 (8): 1 – 21.

[175] J. C. Brinkman. Congestion, agglomeration, and the structure of cities [J]. Journal of Urban Economics, 2016 (94): 13 – 31.

[176] J. N. Marshall, P. Wood, P. Daniels et al. Producer Services and

Uneven Development [J]. Area, 1987, 19 (1): 35 – 41.

[177] J. R. Baldwin, W. M. Brown. Regional manufacturing employment Volatility in Canada: the effects of specialization and trade [J]. Paper in Region Science, 2004, 83 (3): 519 – 541.

[178] J. R. Markusen. Trade in Producer Services and in Other Specialized Intermediate Inputs [J]. The American Economic Review, 1989, 79 (1): 85 – 95.

[179] J. V. Henderson, J. R. Logan, S. Choi. Growth of China's Medium-Size Cities [J]. Brookings-Wharton Papers on Urban Affairs, 2005 (1): 263 – 303.

[180] Jaison R. Abel, Richard Deitz. Why Are Some Places So Much More Unequal Than Others? [J]. Economic Policy Review, 2019, 25.

[181] James Lincoln. The Urban Distribution of Headquarters and Branch Plants in Manufacturing: Mechanisms of Metropolitan Dominance [J]. Demography, 1978 (15): 213 – 222.

[182] Jane Jacobs. The Economy of Cities [M]. New York: Random House, 1969.

[183] Jeffrey Lin. Technological Adaptation, Cities and New Work [J]. The Review of Economics and Statistics, 2011, 93 (2): 554 – 574.

[184] John B. Parr. Agglomeration Economies: Ambiguities and Confusions [J]. Environment & Planning A, 2002, 34 (4): 717 – 731.

[185] John L. Casti. The Theory of Networks [A]. David Batten. Networks in Action: Communication, Economics and Human Knowledge [C]. Berlin: Springer-Verlag, 1995: 3 – 24.

[186] John Van Reenen, Nicholas Bloom, Mirko Draca. Trade Induced Technical Change? The Impact of Chinese Imports on Innovation, IT and Productivity [J]. Review of Economic Studies, 2016, 83 (1): 87 – 117.

[187] Jonathan V. Beaverstock, Richard G. Smith, Peter J. Taylor. World-City Network: A New Metageography? [J]. Annals of the Association of American Geographers, 2000, 90 (1): 123 – 134.

[188] Joseph Francois, Bernard Hoekman. Services Trade and Policy [J].

Journal of Economic Literature, 2010, 48 (3): 642 –692.

[189] Joseph Francois, Joseph P. Kaboski. The Rise of the Service Economy [J]. American Economic Review, 2012, 102 (6): 2540 –2569.

[190] Joseph Francois, Julia Woerz. Producer Services, Manufacturing Linkages, and Trade [Z]. Tinbergen Institute Discussion Paper, NO002, 2007.

[191] Joshua Drucker. Regional Industrial Structure Concentration in the United States: Trends and Implications [J]. Economic Geography, 2011, 87 (4): 421 –452.

[192] Juan Pablo Chauvin, Edward Glaeser, Yueran Ma, Kristina Tobio. What is different about urbanization in rich and poor countries? Cities in Brazil, China, India and the United States [J]. Journal of Urban Economics, 2017 (98): 17 –49.

[193] K. J. Button. Urban Economics: Theory and Policy [M]. London: The MacMillan Press, 1976.

[194] Kenneth D. Roberts. China's "Tidal Wave" of Migrant Labor: What Can We Learn from Mexican Undocumented Migration to the United States? [J]. The International Migration Review, 1997, 31 (2): 249 –293.

[195] Kiyoyasu Tanaka. Producer Services and Manufacturing Productivity: Evidence from Japan Industrial Productivity Database: Hi-stat discussion [C]. Tokyo: Hitotsubashi University, 2009.

[196] Kjersten Bunker Whittington, Jason Owen-Smith, Walter W. Powell. Networks, Propinquity, and Innovation in Knowledge-Intensive Industries [J]. Administrative Science Quarterly, 2009, 54 (1): 90 –122.

[197] Kolko, J. The Death of Cities? The Death of Distance? Evidence from the Geography of Commercial Internet Usage [R]. Massachusetts: Harvard University, 1999.

[198] Lee Everett. A theory of migration [J]. Demography, 1966, 3 (1): 47 –57.

[199] M. Andersson. Co-location of manufacturing & producer services-a simultaneous equation approach [J]. Electronic Working Paper Series, 2004 (8):

1 – 24.

[200] M. Camhis, S. Fox. The European-Community as a Catalyst for European Urban Networks [J]. Ekistics; Reviews on the Problems and Science of Human Settlements, 1992, 59 (4): 4 – 6.

[201] M. Garcia-López, I. Muñiz. Urban spatial structure, agglomeration economies, and economic growth in Barcelona: An intra-metropolitan perspective [J]. Papers in Regional Science, 2011, 92 (3): 515 – 534.

[202] M. P. Naticchioni. The spatial sorting and matching of skills and firms [J]. Wiley on behalf of the Canadian Economics Association, 2009, 42 (1): 28 – 55.

[203] Macpherson Alan. Producer Service Linkages and Industrial Innovation: Results of a Twelve-Year Tracking Study of New York State Manufacturers [J]. Growth and Change, 2008, 39 (1): 1 – 23.

[204] Marcelo Resende. Productivity growth and regulation in US [J]. Local telephony, Information Economics and Policy, 1999 (11): 23 – 44.

[205] Margarida Duarte, Diego Restuccia. The role of the structural transformation in aggregate productivity [A]. Meeting Papers [C]. Toronto: Society for Economic Dynamics, 2010: 129 – 173.

[206] Mark Roberts. Urban Growth in South Asia: A View from Outer Space [J]. Alternative Approaches in Macroeconomics, 2018 (8): 269 – 302.

[207] Masahisa Fujita, Paul Krugman, Tomoya Mori. On the evolution of hierarchical urban systems [J]. European Economic Review, 1999, 43 (2): 209 – 251.

[208] Melvin M. Webber. The Urban Place and the Nonplace Urban Realm [M]. Philadelophia: University of Pennsylvania Press, 1964.

[209] Michael P. Todaro. A Model of Labor Migration and Urban Unemployment in Less Developed Countries [J]. The American Economic Review, 1969, 59 (1): 138 – 148.

[210] Michael Porter. The Competitive Advantage Of Nations [M]. New York: The Free Press, 1990.

［211］ Morris A. Davis, Jonas D. M. Fisher, Toni M. Whited. Macroeconomic Implications of Agglomeration ［J］. Econometrica, 2014, 82 (2): 731 – 764.

［212］ Mosaicc. Market orientated study on advanced telecommunications in cohesion countries ［R］. DGXIII, CEC Brussels, 1997.

［213］ Oded Stark, Taylor J. Edward. Migration Incentives, Migration Types: The Role of Relative Deprivation ［J］. The Economic Journal, 1991, 101 (408): 1163 – 1178.

［214］ P. Combes, G. Duranton, L. Gobillon, et al. The Productivity Advantages of Large Cities: Distinguishing Agglomeration from Firm Selection ［J］. Econometrica, 2012, 80 (6): 2543 – 2594.

［215］ P. W. Daniels. ' Old ' and ' New ' Economy and Services ［M］. Learning from Clusters. Springer Netherlands, 2005.

［216］ P. C. Melo, D. J. Graham, R. B. Noland. A meta-analysis of estimates of urban agglomeration economies ［J］. Regional Science and Urban Economics, 2009, 39 (3): 332 – 342.

［217］ P. W. Daniels, Bryson J. R. , Warf B. Service worlds: people, organisations, technologies ［M］. New York: Routledge, 2004.

［218］ Paul Baker, Neil Foster-McGregor, Johannes Koenen et al. The Relation between Industry and Services in Terms of Productivity and Value Creation ［R］. Vienna: Wiiw Research Reports, 2015.

［219］ Paul Krugman. How Did Economists Get it So Wrong? ［J］. New York Times Magazine, 2009 (10): 8 – 36.

［220］ Paul R. Krugman. Increasing Returns and Economic Geography ［J］. Journal of Political Economy, 1991, 99 (3): 483 – 499.

［221］ Paul Schreyer. The contribution of information and communication technology to output growth ［J］. OECD Science, Technology and Industry Working Papers, NO002, 2000.

［222］ Peter J. Taylor, D. R. F. Walker. World Cities: A First Multivariate Analysis of their Service Complexes ［J］. Urban Studies, 2001, 38 (1): 23 – 47.

［223］ Piero Bonavero, Giuseppe Dematteis. Il sistema urbano italiano nello spazio unificato europeo ［J］. 1997, 43 （4）: 331 – 338.

　　［224］ R. Capello, P. Nijkamp. Telecommunications technologies and regional development: theoretical considerations and empirical evidence ［J］. Annals of Regional ence, 1996, 30 （1）: 7 – 30.

　　［225］ R. Capello, R. Camagni. Beyond Optimal City Size: An Evaluation of Alternative Urban Growth Patterns ［J］. Urban Studies, 2000, 37 （9）: 1479 – 1496.

　　［226］ R. Kanbur, X. Zhang. Fifty Years of Regional Inequality in China: A Journey through Central Planning, Reform and Openness ［J］. Review of Development Economics, 2005, 9 （1）: 87 – 106.

　　［227］ R. Morrar, F. Gallouj. The Growth of the Service Sector in Palestine: The Productivity Challenge ［J］. Journal of Innovation Economics & Management, 2016 （19）: 179 – 204.

　　［228］ R. O. Pereira, B. Derudder. The cities/services-nexus: determinants of the location dynamics of advanced producer services firms in global cities ［J］. Service Industries Journal, 2010, 30 （12）: 2063 – 2080.

　　［229］ R. W. Helsley, W. C. Strange. Coagglomeration, Clusters, and the Scale and Composition of Cities ［J］. Journal of Political Economy, 2014, 122 （5）: 1064 – 1093.

　　［230］ Rafael Boix. Networks of Cities and Growth: Theory, Network Identification and Measurement of the Network Externality ［D］. Firenze, Repubblica Italiana: Università di Firenze, 2003.

　　［231］ Rafael Boix. Policentrismo y redes de ciudades en la región metropolitana de Barcelona ［M］//Joan Subirats: Redes, territorios y gobierno: nuevasrespuestas locales a los retos de la globalización. Barcelona: Diputacio de Barcelona, 2002: 223 – 244.

　　［232］ Richard Shearmur, David Doloreux. Urban Hierarchy or Local Buzz? High-Order Producer Service and （or） Knowledge-Intensive Business Service Location in Canada, 1991 – 2001 ［J］. The Professional Geographer, 2008, 60 （3）: 333 – 355.

[233] Richardson R, Gillespie A. Advanced communications and employment creation in rural and peripheral regions: A case study of the Highlands and Islands of Scotland [J]. Annals of Regional Science, 1996 (30): 91 –110.

[234] Rikard H. Eriksson. Localized Spillovers and Knowledge Flows: How Does Proximity Influence the Performance of Plants Source: Economic Geography [J]. Economic Geography, 2011, 87 (2): 127 –152.

[235] Robert J. Barro, Robert G. King. Time-Separable Preferences and Intertemporal-Substitution Models of Business Cycles: Macroeconomic Policy [J]. The Quarterly Journal of Economics, 1984, 99 (4): 817 –39.

[236] Roberto Camagni, Carlo Salone. Network Urban Structures in Northern Italy: Elements for a Theoretical Framework [J]. Urban Studies, 1993, 30 (6): 1053 –1064.

[237] Roberts KD. Chinese labor migration: Insights from Mexican undocumented migration to the United States [M] //L. A. West, Y. H. Zhao. In Rural Labor Flows in China. Berkeley, USA: Institute of East Asian Studies, University of California, 2000.

[238] Ronald L. Moomaw. Is population scale a worthless surrogate for business agglomeration economies [J]. Regional Science and Urban Economics, 1983, 13 (4): 525 –545.

[239] Rossi-Hansberg Esteban, Mark L. J. Wright. Urban Structure and Growth [J]. The Review of Economic Studies, 2007 (74): 597 –624.

[240] S. Kozicki. The productivity growth slow-down: diverging trends in the manufacturing and service sectors [J]. Economic Review, 1997, 82 (1): 31.

[241] S. Mukherjee. Services Outsourcing and Productivity Growth [J]. South Asia Economic Journal, 2018, 19 (2): 192 –209.

[242] S. D. Addario, D. Vuri. Entrepreneurship and Market Size. The Case of Young College Graduates in Italy [J]. Labour Economics, 2011, 17 (5): 848 – 858.

[243] Saskia Sassen. Cities in a world economy [M]. State of California: SAGE Publications, 1994.

［244］Saskia Sassen. Economic Restructuring as Class and Spatial Polarization ［J］. The Global City. 2013 （9）：245 – 320.

［245］Serdar Yilmaz, Kingley E. Haynes, Mustafa Dinc. Geographic and network neighbors：Spillover effects of telecommunications infrastructure ［J］. Journal of Regional Science, 2002 （2）：339 – 360.

［246］Sotiris Karkalakos. Capital Heterogeneity, Industrial Clusters and Environmental Consciousness ［J］. Journal of Economic Integration, 2010, 25 （2）：353 – 375.

［247］Stuart S. Rosenthal, William C. Strange. Geography, Industrial Organization, and Agglomeration ［J］. Review of Economics & Stats, 2003, 85 （2）：377 – 393.

［248］T. A. Hutton. The New Economy of the inner city ［J］. Cities, 2004, 21 （2）：89 – 108.

［249］T. J. Nechyba, R. P. Walsh. Urban Sprawl ［J］. The Journal of Economic Perspectives, 2004, 18 （4）：177 – 200.

［250］Tomoya Mori, Koji Nishikimi. Economies of transport density and industrial agglomeration ［J］. Regional Science and Urban Economics, 2002, 32 （2）：167 – 200.

［251］V. Henderson. Externalities and Industrial Development ［J］. Journal of Urban Economics, 1997, 42 （3）：449 – 470.

［252］V. Henderson. Urbanization in Developing Countries ［J］. The World Bank Research Observer, 2002, 17 （1）：89 – 112.

［253］V. R. Fuchs. The Growing Importance of the Service Industries ［J］. Journal of Business, 1965, 38 （4）：344 – 373.

［254］Vernon J. Henderson. Innovation and agglomeration：Two parables suggested by city-size distributions：Comment ［J］. Japan & the World Economy, 1995, 7 （4）：395 – 397.

［255］W. B. Beyers, D. P. Lindahl. Explaining the demand for producer services：is cost-driven externalization the major factor? ［J］. Papers in Regional Science, 1996, 75 （3）：351 – 374.

［ 256 ］ W. C. Wheaton， H. Shishido. Urban Concentration， Agglomeration Economies， and the Level of Economic Development ［J］. The University of Chicago Press Journals， 1981， 30 （1）: 17 – 30.

［257］ W. Walker Hanlon， Antonio Miscio. Agglomeration: A long-run panel data approach ［J］. Journal of Urban Economics， 2017 （99）: 1 – 14.

［258］ Walter Christaller. Die zentralen Orte in Süddeutschland: Eineökonemisch-geographische Untersuchungüber die Gesetzmassigkeit der Verbreitung und Eniwicklung der Siedlungen mit städtischen Funktionen ［M］. København: Gustav Fischer， 1933.

［ 259 ］ William J. Baumol， Robert D. Willig. Contestability: Developments since the Book. ［J］. Oxford Economic Papers， 1986， 38 （1）: 9 – 36.

［260］ William J. Coffey， Antoine S. Bailly. Producer Services and Systems of Flexible Production ［J］. Urban Studies Journal， 1992， 29 （6）: 857 – 868.

［261］ Wolfl A. Productivity Growth in Services Industries: Is There a Role for Measurement? ［J］. International Productivity Monitor， 2004， 8 （4）: 652 – 669.

［262］ Yun Zhong， Xiaopei Yan. Relationship Between Producer Services Developing Level and Urban Hierarchy—A Case Study of Zhujiang River Delta ［J］. Chinese Geographical Science， 2008， 18 （1）: 1 – 8.

后　记

　　本人 2006 年入职长沙理工大学，有幸加入王耀中教授的科研团队，研究兴趣和方向转向现代服务业和城镇化问题。经过一段时间的努力，在相关领域的研究上取得了一定的成果，2013 年获得国家社科基金的立项资助。回顾近年来围绕国家社科基金项目的科研历程，有许多感慨。一是有感于这个急剧变革的时代。正是因为大数据、人工智能等技术带来的科技革命所引发的时代变迁，极大地改变了人类生产、生活和交往模式，从而带来了需要深入思考的新的社会科学问题，而这些问题也促进了经济学的新一轮繁荣和发展。尤其是，生产性服务业的发展如何提升空间要素在经济发展中的作用引发了我的研究兴趣。我有幸跟踪了这个领域的相关问题，相关研究得到了学界同仁的帮助和肯定，在此表示衷心感谢。二是面对浩如烟海的数据和文献，以及不断出现的新问题和挑战、持续演进的理论，倍感人生之短，唯有加倍努力，方能有所得。当然，正是因为丰富的理论和实践，也为我辈在学术研究工作方面有所成就提供了机遇。三是学术之路有时十分枯燥，没有团队、没有人讨论是难以持续的。我很欣慰有团队的支持，才能不断在学术这条道路上走下去，并得以比较顺利地完成了项目的研究。在此，我向以王耀中教授为带头人的团队表示感谢。四是这些年我得到了许多科研平台的资助，比如"现代服务业与湖南新型城镇化协同创新中心""现代服务业研究基地""国际经济与国际工程管理研究中心""湖南服务业研究中心"等。此外，本书还得到长沙理工大学著作资助、长沙理工大学应用经济学学科资助，在此一并表示感谢！

　　当然，这些年来的成绩也是家庭一同奋斗的结果！女儿默言从小学到高中，学业及心智均发展顺利，让我无须担心！妻子贤而持家，家和顺心！唯有遗憾的是，祖母以 96 岁高龄于 2018 年离世，愿她在天之灵佑我！

在知天命之年，祈祷自己未来能在学术之路上走得更为扎实，如有所获，感谢祖国和时代！

庚子年于长沙湘水之滨